I edizione
© Copyright 2008 Guerra Edizioni - Perugia

ISBN 978-88-557-0113-6

Proprietà letteraria riservata.
I diritti di traduzione, di memorizzazione elettronica, di riproduzione e di adattamento totale o parziale, con qualsiasi mezzo (compresi microfilm e le copie fotostatiche), sono riservati per tutti i paesi.

Gli Autori e l'Editore sono a disposizione degli aventi diritto con i quali non è stato possibile comunicare nonché per involontarie omissioni o inesattezze nella citazione delle fonti dei brani o immagini riprodotte nel presente volume.

Guerra Edizioni
via Aldo Manna 25 - Perugia (Italia)
tel. +39 075 5289090
fax +39 075 5288244
e-mail: info@guerraedizioni.com
www.guerraedizioni.com

Progetto grafico
salt & pepper_perugia

Indice

Conosci l'Italia? 8 - 11

Unità 1 12 - 15
A che ora ci vediamo?

Chiedo a qualcuno come sta e rispondo.
Prendo un appuntamento.
Chiedo a qualcuno cosa fa oggi e rispondo alle domande.
Parlo della scuola.
Parlo di quello che mi piace fare in vacanza.

Gli articoli determinativi e indeterminativi
Il presente indicativo regolare e irregolare
Gli aggettivi possessivi
Da e fino a

Unità 2 16 - 19
Come sono andate le tue vacanze?

Dico il motivo di un'azione.
Racconto un avvenimento al passato.
Racconto le mie vacanze.

Il passato prossimo regolare e irregolare
Gli aggettivi possessivi con i nomi della famiglia
I pronomi personali diretti e indiretti
I connettivi: siccome, dato che

Unità 3 20 - 22
Quando ero a Napoli...

Parlo della mia vita in una situazione passata.
Descrivo una persona fisicamente.
Indico con quale frequenza faccio delle attività.
Parlo dello sport e delle attività del tempo libero.

L'imperfetto indicativo
L'alternanza passato prossimo e imperfetto
Altri verbi irregolari al passato prossimo
Avverbi di frequenza
Avverbi e aggettivi di quantità
La preposizione a
I connettivi: prima, ora/adesso

Unità 4 23 - 26
Scusi, signora...

Chiamo e rispondo al telefono.
Situo gli oggetti nello spazio.
Descrivo la mia camera.
Parlo del mio rapporto con gli animali.

Stare + gerundio e stare per + infinito
La forma di cortesia
I connettivi: quindi
Il superlativo assoluto
Ne e ci (c'è / ci sono)

Unità 5 27 - 30
Tra due giorni inizierà il festival del cinema

Parlo di azioni future.
Racconto una storia, un film.
Faccio dei paragoni.
Esprimo accordo e disaccordo.

Uso di anch'io / neanch'io / anche a me / neanche a me
Le forme di bello e quello davanti a un nome
Il futuro
L'uso di tra e fra nelle frasi al futuro
I comparativi di uguaglianza, inferiorità e di superiorità

Unità 6 31 - 35
Oggi è San Valentino

Esprimo sentimenti (affetto, amicizia, amore) e desideri.
Dò e chiedo informazioni stradali e visito una città.
Faccio una proposta.
Parlo delle feste in Italia e nel mio paese.

Il condizionale
L'imperativo regolare (tu, Lei, voi)
Il superlativo relativo
Forme dell'aggettivo buono
Ci vuole / ci vogliono

Unità 7 — 36 - 39
Oggi si deve camminare

Parlo del corpo umano e della salute. Descrivo dei sintomi.
Parlo delle attività per sentirsi in forma.
Parlo dell'ambiente e del volontariato.

L'imperativo
- con i pronomi
- la forma negativa
- i principali verbi irregolari
Alcune forme impersonali (bisogna, serve, occorre, basta)

Unità 8 — 40 - 44
È un periodaccio...

Descrivo il carattere di una persona.
Parlo delle relazioni con i miei genitori.
Esprimo sentimenti (rabbia, dispiacere...).
Esprimo gusti, pareri, ipotesi e supposizioni.

Il congiuntivo presente
I pronomi relativi
I suffissi diminutivi, accrescitivi e peggiorativi
I connettivi: eppure, però, tuttavia

Unità 9 — 45 - 50
Vivere a Milano dev'essere stupendo

Vado nei negozi e faccio acquisti.
Parlo della moda e dell'abbigliamento.
Parlo di alcune professioni.
Esprimo apprezzamento e disgusto.

Il congiuntivo passato
Come se + congiuntivo imperfetto
La forma passiva e la preposizione da
Altri usi della preposizione da

Unità 10 — 51 - 56
Il mio sogno è andare in Argentina

Parlo di immigrazione e emigrazione.
Parlo di abitudini alimentari.
Parlo di un'azione appena finita.
Metto in relazione due azioni nel futuro.

L'uso del gerundio per esprimere la causa
I pronomi accoppiati
Alcuni indefiniti (nessuno, qualcuno, alcuni, qualche, qualsiasi)
Usi di appena
I connettivi: a patto che, purché, basta che, a condizione che

Attività Audio — 57 - 71

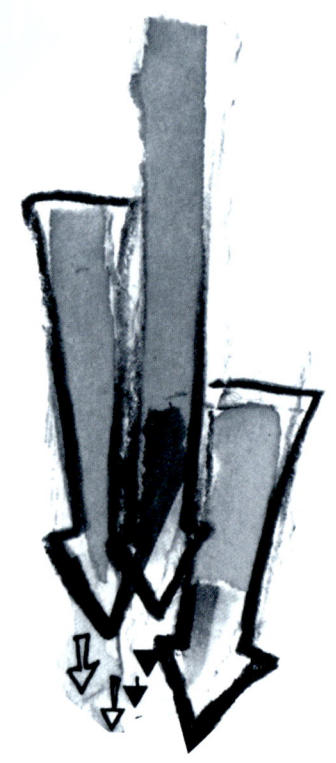

INTRODUZIONE

Il *libro di casa* è uno strumento di studio e di approfondimento autonomo. Accompagna *Ciao ragazzi!* che dovrai sempre riprendere in mano per controllare e assimilare quello che hai visto in classe.

Svolgendo le attività, tutte relative ad ogni unità di *Ciao ragazzi!*, potrai:
- fare il bilancio di quello che sai
- controllare se hai capito bene il dialogo e gli altri testi
- descrivere quello che si vede sui disegni che accompagnano il dialogo e sulle fotografie che ti fanno conoscere la realtà italiana
- ripassare e consolidare il lessico che vuoi acquisire per esprimerti
- riutilizzare le forme per comunicare della rubrica "Comunichiamo"
- e, grazie ad attività numerose e varie, assimilare e fissare le strutture grammaticali indispensabili per la comunicazione.

Con il *libro di casa* potrai lavorare autonomamente e ti accorgerai presto della tua progressione sul piano della comprensione e dell'espressione dell'italiano.

Non dimenticare di svolgere le attività audio! Puoi scaricare le registrazioni gratuitamente sul sito **www.guerraedizioni.com/ciaoragazzi**

Ti saranno molto utili per migliorare la pronuncia e riutilizzare spontaneamente il lessico utile per la comunicazione in italiano.

Buon lavoro!

Gli autori

CONOSCI L'ITALIA?

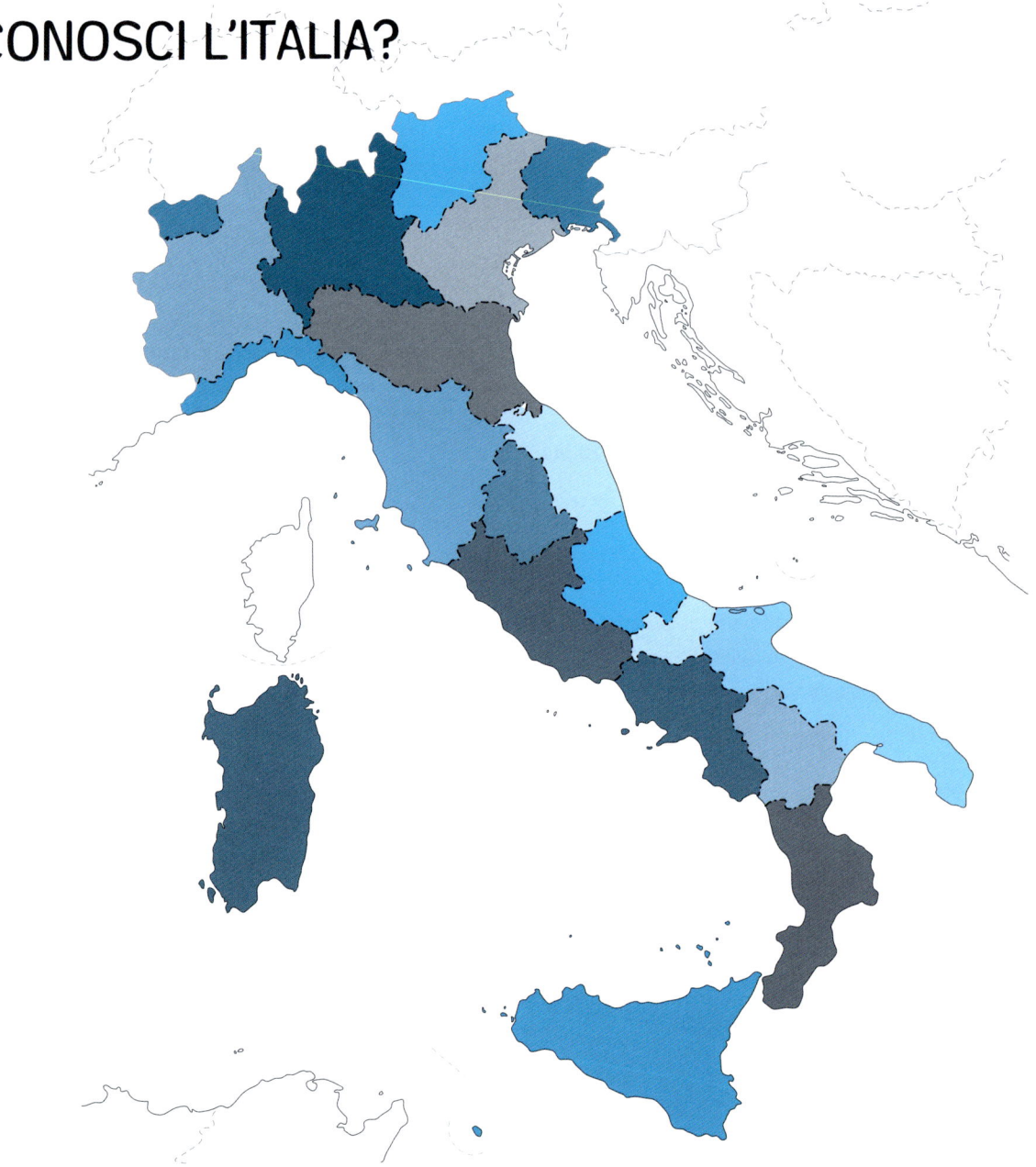

1. Dove si trovano queste regioni? Fai delle frasi come nell'esempio:

L'Umbria è in Italia Centrale. Si trova a est della Toscana, ad ovest delle Marche, a nord del Lazio.

La Liguria è in Italia _____ . Si trova a _____ del Piemonte e confina a est con l'_____ e con la _____ .

La Campania è in _____ . Si trova a sud del _____ e del _____ . A _____ e con la _____ .

La Lombardia _____ . Confina ad _____ con il _____ e con il _____ , ad ovest con il _____ , a _____ con l'Emilia Romagna.

Prova a fare altre frasi simili per le altre regioni.

Il Veneto _____
La Calabria _____
La Puglia _____
La Toscana _____
La Valle d'Aosta _____
L'Emilia Romagna _____

2. Guarda le foto a pagina 11 di *Ciao ragazzi!*. In quali regioni si trovano le città che si vedono sulle foto?

_____
_____
_____
_____
_____
_____
_____
_____

3. Ti ricordi chi sono questi personaggi?

navigatore / cantante / attrice / autore teatrale / generale

1. Guglielmo Marconi: scienziato e inventore
2. Eros Ramazzotti: _____
3. Carlo Goldoni: _____
4. Monica Bellucci: _____
5. Giuseppe Garibaldi: _____
6. Cristoforo Colombo: _____

4. Ti ricordi di questi versi di Carlo Goldoni? Prova a completarli con le parole mancanti:

"La stagion del _____
tutta la _____ fa cambiar.
Chi sta bene e chi sta _____
Carnevale fa rallegrar.
Chi ha _____ li spende;
chi non ne ha ne vuol trovar;
e s'impegna, e poi si vende,
per andarsi a sollazzar.
Qua la moglie e là il _____,
ognuno va dove gli par;
ognun corre a qualche invito,
chi a _____ e chi a ballar".

Da C. Goldoni, *La Mascherata*

Se non ci riesci, ecco la lista delle parole che devi inserire:

giocare / denari / gente / Carnevale / marito / male

Puoi controllare la soluzione a pagina 13 di *Ciao ragazzi!*.

5. Trova gli errori. Quali sono i colori giusti?

Lisa ha trovato il marito ideale. Dice che Paolo è il suo principe *verde*. _____ Non ho più soldi, sono al *bianco*! _____ A te piacciono i libri *azzurri*? _____

6. Rileggi il testo sulla lingua italiana a pagina 14 di *Ciao ragazzi!* e rispondi alle domande.

1. Da che tipo di pubblicazione è tratto questo brano?

2. Quanti sono gli istituti Italiani di Cultura nel mondo?

3. Per quali motivi le persone, all'estero, frequentano i corsi d'italiano?

4. A quali settori economici sono collegate le motivazioni di chi studia l'italiano?

5. Che cosa si è guadagnata la comunità italiana che vive all'estero?

7. Leggi il testo a pagina 15 di *Ciao ragazzi!* e rispondi.

1. In quali paesi sono emigrati gli italiani in un passato più o meno remoto? Citane almeno cinque.

2. Dal punto di vista dell'immigrazione, cosa è cambiato in Italia negli ultimi anni?

3. Da quali paesi provengono gli immigrati? Citane almeno tre.

8. Guarda le foto a pagina 15. Puoi dire che cosa rappresentano?

9. Cerca delle informazioni su Carlo Goldoni e rispondi al test.

1. Carlo Goldoni era *veneziano / milanese / fiorentino / napoletano*
2. È uno scrittore del secolo *XVI / XVII / XVIII / XIX* _____
3. È stato un grandissimo commediografo ma è stato anche *avvocato / pittore / musicista* _____
4. Lui è vissuto in Francia per *cinque anni / meno di vent'anni / quasi trent'anni* _____
5. Ha scritto *meno / più* di cinquanta componimenti teatrali _____
6. È morto *in Francia (a Parigi) / in Germania (ad Acquisgrana) / in Russia (a Mosca) / in Italia (a Roma)* _____
_____
7. Tutte le sue commedie sono scritte in italiano, *in veneziano e in francese / alcune delle sue commedie sono scritte in italiano altre in veneziano e i suoi "Mémoires" in francese.* _____

Unità 1 - A CHE ORA CI VEDIAMO?

1. Ti ricordi il dialogo a pagina 20 e 21 di *Ciao ragazzi!*? Rimetti in ordine le frasi.

A. Chiara dice che non sa niente.
B. Si danno un appuntamento alle quattro davanti a casa di Pietro.
C. Chiara chiede a Pietro notizie degli amici comuni.
D. Propone al suo amico di andare a comprare delle cose per la scuola che comincia lunedì.
E. Chiara è tornata dalla Sardegna.
F. Chiara telefona a Pietro.
G. Pietro chiede a Chiara notizie di Francesco.

1. _____ 2. _____ 3. _____ 4. _____ 5. _____ 6. _____ 7. _____

2. Completa la telefonata.

Pronto?
_____. Ciao Chiara, sono Pietro!
Ciao! Come _____?
Bene, grazie; e tu?
Benissimo!
Cosa _____ questo pomeriggio?
Non lo _____, forse rimango a casa, perché?
Ci _____?
Sì, volentieri! A che ora?
_____ alle tre a casa tua?
Va bene.
Possiamo navigare un po' su internet o guardiamo un dvd.
Va _____. Però alle cinque e mezzo devo uscire con mia madre.

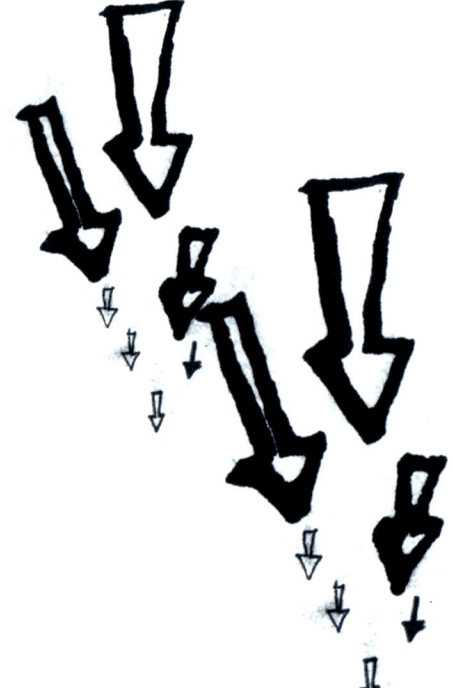

3. Rileggi il testo a pagina 23 di *Ciao ragazzi!* e indica se le affermazioni sono vere o false.

	vero	falso
1. Saverio è impaziente di finire la scuola perché vuole lavorare presto.	☐	☐
2. Valentina ha qualche problema con i compagni e con gli insegnanti.	☐	☐
3. Matteo non vede l'ora di finire presto perché non è contento della scuola che fa.	☐	☐
4. Simona fa quello che vuole a scuola.	☐	☐
5. Gabriele lavora in una scuola.	☐	☐

4. Quali oggetti servono per la scuola? Completa la lista:

lo z _ _ _ o   serve per portare gli oggetti per la scuola.
la c _ _ _ a   serve per incollare la carta.
il r _ _ _ _ _ _ o   serve per tracciare una linea retta.
la m _ _ _ _ a   serve per disegnare e si può cancellare con la gomma.
le f _ _ _ _ _ i   devono tagliare bene.
il q _ _ _ _ _ _ o   ne hai uno per ogni materia.
il p _ _ _ _ _ _ _ o serve per scrivere a colori.

5. Completa il testo con MI PIACE o MI PIACCIONO.

Mi chiamo Valentina, ho 18 anni e faccio il liceo classico. _____ la scuola e _____ i miei compagni. La materia che _____ di più è la geografia. Quando sono in vacanza, _____ viaggiare e vedere posti diversi. _____ molto i monumenti e i musei. _____ molto andare in vacanza con la mia famiglia.

6. Completa con i verbi *essere* o *avere*.

1. "Tu _____ Lucia?". "Sì, _____ io!".
2. In Italia le date delle vacanze scolastiche _____ diverse secondo le regioni.
3. Ragazzi, voi _____ ancora in vacanza. Invece noi _____ già a scuola.
4. Io _____ sicura che i miei compagni _____ ancora tutti in vacanza.
5. _____ voglia di ricominciare la scuola per rivedere i miei compagni!
6. "Nino, _____ il quaderno nuovo?". "Sì, ce l'_____ qui, nel mio zaino".
7. I miei amici _____ la fortuna di andare ogni anno in Sardegna per una settimana.
8. La Sardegna _____ un mare bellissimo.
9. "Buongiorno ragazzi, quanti anni _____ ?". "Io _____ 14 anni e mia sorella ne ha 15".
10. Quest'anno noi _____ quattro lezioni d'italiano alla settimana.

7. Trasforma le frasi mettendo il verbo al plurale o al singolare.

1. Carlo e Piero *viaggiano* molto. Anche Claudio _____ molto.
2. Le tue matite *scrivono* bene. La mia penna, invece, _____ male.
3. I miei amici di Roma *finiscono* la scuola giovedì. La mia amica napoletana, invece, _____ venerdì.
4. Silvia *prende* il treno. Invece Carla e Pino _____ l'aereo.
5. Questi libri non mi *servono* più. Questo quaderno, invece, mi _____ ancora!
6. Il libro d'inglese *costa* molto. Anche i libri di matematica _____ molto.

7. Luigi *preferisce* il mare. Invece i suoi amici _____ la campagna.
8. Lucia *parte* domani. I suoi colleghi, invece, _____ sabato.
9. Io *dormo* 8 ore a notte, i miei fratelli, invece, _____ 10 ore.
10. *Mettete* i quaderni nello zaino; io, invece, _____ i libri.

8. Completa con i verbi nel riquadro.

svegliarsi / vedersi / divertirsi / alzarsi / vestirsi / divertirsi / annoiarsi / rivedersi / lavarsi / prepararsi

Quando sono in vacanza, generalmente, Paolo e Lucia la mattina _____ tardi, verso le 10; Paolo _____ subito e _____. Anche Lucia fa la doccia e poi fanno colazione con la famiglia. _____ per andare alla spiaggia. Paolo _____ molto perché adora il mare. Lucia, invece, _____ un po' perché non sopporta di stare troppo tempo al sole. La sera generalmente Lucia _____ elegante perché esce con gli amici. _____ verso le nove e mezza. _____ : vanno a ballare o a prendere un gelato. Tornano a casa piuttosto tardi, dormono e poi _____ il giorno dopo sulla spiaggia.

9. Completa con i verbi tra parentesi.

1. Io (*andare*) _____ a Cagliari con l'aereo.
2. "Cosa (*voi - fare*) _____ domani?". "(*andare*) _____ a scuola".
3. "Anna, i tuoi amici (*rimanere*) _____ a casa oggi?". "No, (*uscire*) _____ con noi".
4. Paolo e Luca non (*sapere*) _____ se la scuola comincia lunedì o martedì. E tu, lo (*sapere*) _____ ?
5. "A che ora (*tu – venire*) _____ a casa mia?" "Io (*venire*) _____ alle due ma Luca (*volere*) _____ venire più tardi".
6. "Oggi Stefano e Marco non (*potere*) _____ uscire perché (*dovere*) _____ studiare".
7. "Mauro, cosa (*fare*) _____ oggi?". "(*uscire*) _____ con Pino".
8. "E voi cosa (*fare*) _____ ?". "(*Stare*) _____ a casa, (*dovere*) _____ preparare le valigie".

10. Completa con gli articoli IL, LO, L', LA, I, GLI o LE.

1. Ti piacciono _____ viaggi in treno?
2. _____ sport che preferisco sono _____ sci e _____ trekking.
3. _____ insegnante d'inglese di Valeria è di Oxford.
4. Conosco _____ amici di Susanna: sono simpatici.
5. Purtroppo _____ vacanze sono finite.

11. Determinativo o indeterminativo? Scegli l'articolo giusto e ricopia le frasi.

1. UNO/LO zaino di Renato è nuovo.
2. Anna ha solo UN'/L' amica americana.
3. Devo prendere UN/IL treno delle otto e mezza.
4. Rimaniamo in vacanza ancora UNA/LA settimana.
5. Potete aspettare UN/L'attimo?

12. Trasforma dal singolare al plurale o viceversa.

1. I nostri compagni sono qui.
2. La mia gomma cancella bene.
3. I vostri libri sono interessanti.
4. Le sue amiche sono divertenti.
5. Il tuo zaino è rotto.
6. La loro classe è grande.
7. La nostra nuova insegnante è simpatica.
8. La vostra matita è nera.
9. I loro dizionari sono pesanti.
10. Il mio migliore amico è svizzero.

13. Fai le domande, seguendo i modelli.

Abito qui da due anni. > Da quanto tempo abiti qui?
Resto fino a domani. > Fino a quando resti?

1. Viviamo a Roma da dieci anni.
2. Rimango qui fino alle cinque.
3. Lucia lavora in Sardegna da due mesi.
4. I miei amici studiano con me fino a stasera.

14. Inventa un dialogo. Fabio telefona a Marina: vuole andare con lei a comprare un dizionario d'italiano. Prendono un appuntamento. (8-10 battute)

Unità 2 - COME SONO ANDATE LE TUE VACANZE?

1. Ti ricordi l'email che Francesco ha scritto a Chiara (a pagina 32 di *Ciao ragazzi!*) ? Quale dei due riassunti è quello giusto?

A. Francesco non ha scritto prima a Chiara perché non aveva la sua email né il suo numero di telefono. Le sue vacanze sono andate molto bene. È partito con i suoi cugini e il suo zio paterno. Sono stati in Veneto dove hanno visitato delle importanti città d'arte, sono stati anche al mare e hanno fatto molto sport. A Ferragosto sono andati a Riccione per vedere una delle famose discoteche e hanno ballato quasi tutta la notte.

B. Francesco ha avuto l'email di Chiara da Maria, un'amica comune. In vacanza si è divertito un sacco. È partito con i suoi cugini e i suoi zii. Ha visitato il Veneto e in particolare Padova, Verona e Venezia. È stato al mare e ha giocato a tennis con suo cugino. Ma dato che suo cugino è molto bravo ha perso quasi sempre. A Ferragosto sono andati a Riccione per visitare la città e hanno dormito in un hotel.

Nel riassunto sbagliato, quali sono le affermazioni errate?

2. Completa l'SMS che Chiara scrive a Francesco:

Ciao Francesco! Grazie x l'email e per le _____ , sono bellissime! Io sono _____ in Sardegna con la mia _____ . Mi sono divertita un sacco: ho mangiato _____ , sono andata al ristorante con i miei _____ , e soprattutto ho _____ in discoteca con i miei amici e ho preso il sole in spiaggia. Sono abbronzantissima! E tu 6 ancora abbronzato? Ti scrivo presto un' email ciao Chiara

3. Cosa hai fatto in questi momenti del passato? Scrivi delle frasi:

Stamattina ...> Stamattina, sono andato/a a scuola

1. L'anno scorso in agosto...> _____
2. Ieri mattina ...> _____
3. L'estate scorsa ...> _____
4. Tre giorni fa ...> _____
5. Due ore fa ...> _____
6. Stamattina...> _____
7. L'altro ieri...> _____

4. Completa la lettera:

Caro Giorgio,

grazie per la cartolina da Ravenna. Sono contento di sapere che ti _____ divertito e che i mosaici ti sono _____ . Mi chiedi cosa ho _____ io per le vacanze... Per la verità niente di speciale. _____ ho avuto dei brutti voti di matematica a scuola quest'anno, i miei genitori non mi _____ dato il permesso di partire e sono _____ in città per studiare un po'! Ma _____ dei miei amici _____ rimasti in città, ci siamo _____ comunque! Per esempio la settimana _____ siamo _____ tutti a un concerto e poi in pizzeria. _____ mangiato una pizza buonissima! E poi ho _____ tanto sport! _____ giocato con Andrea a tennis. Purtroppo ho _____ quasi sempre ma non è importante perché al club di tennis ho _____ una ragazza bellissima, Anna e _____ anche lei ha dei problemi con la matematica, abbiamo deciso di studiare insieme. Come vedi, anche se non sono _____ per le vacanze, mi sono _____ un sacco! Ciao e a presto. Angelo

5. Rileggi l'articolo a pagina 35 di *Ciao ragazzi!* e indica se le affermazioni sono vere, false o non si sa.

	vero	falso	non si sa
1. I nuovi nomadi, hanno tra i 15 e i 24 anni, sono studenti, non lavorano e hanno una grande passione per i viaggi.	☐	☐	☐
2. Studiano gli itinerari e i viaggi su internet prima di sperimentarli nella realtà.	☐	☐	☐
3. In questi ultimi due anni una grande maggioranza dei giovani ha viaggiato.	☐	☐	☐
4. I genitori pagano quasi sempre i viaggi dei figli.	☐	☐	☐
5. Le maggiori attrattive della Francia sono la Provenza e Parigi.	☐	☐	☐
6. I giovani preferiscono andare in Germania piuttosto che in Spagna.	☐	☐	☐
7. Le attrattive della Spagna per i giovani sono la ricchezza culturale, il clima e le occasioni di incontrare altri giovani.	☐	☐	☐
8. Tra le regioni italiane il Lazio e la Toscana sono quelle preferite dai ragazzi.	☐	☐	☐
9. Ai ragazzi piace visitare le città d'arte.	☐	☐	☐
10. La maggioranza dei giovani preferisce partire in moto.	☐	☐	☐

6. Cosa sai del Carnevale di Venezia? Rispondi alle domande e se non ricordi controlla a pagina 36 di *Ciao ragazzi!*.

1. Quando cominciava il Carnevale nel passato? _____
2. Quando comincia oggi? _____
3. Quanto dura oggi il Carnevale? _____
4. Cosa facevano i veneziani durante il Carnevale? _____
5. Come si salutavano? _____
6. Quali erano le attrazioni? _____
7. Cosa si poteva mangiare per strada? _____
8. Cos'è la *Bauta*? _____
9. Com'è cambiato il Carnevale oggi? _____

7. Guarda l'albero genealogico a pagina 38 di *Ciao ragazzi!* e completa:

Mi chiamo Sandro e sono insegnante. Sono sposato e ho tre bambini. Mia _____ si chiama Patrizia e fa l'ingegnere. Ho due figli e una figlia; _____ figli si chiamano Alberto e Pietro, _____ figlia si chiama Serena. Sono di Verona ma abito a Roma da 4 anni. I miei _____ Luigi e Milena abitano a Verona e anche _____ fratello minore Carlo con _____ moglie e _____ figlia Cristina. Purtroppo non li vedo molto spesso ma per le vacanze torniamo sempre a Verona e così i _____ figli possono giocare con la loro _____ Cristina.

8. Completa la tabella:

Infinito	Participio passato
Avere	
	stato
Scrivere	
	contattato
Partire	
	rimasto
Piacere	
	perso
Andare	
	divertito

9. *Essere* o *avere*? Completa con l'ausiliare giusto e fai l'accordo quando necessario:

1. L'estate scorsa Milena e sua sorella _____ andat___ in vacanza in Veneto.
2. Mi dispiace ma (noi) non _____ avut___ tempo di fare l'esercizio.
3. I miei cugini mi _____ scritt___ una cartolina da Bologna.
4. Ti _____ piaciut___ le lasagne di mia madre?
5. (Voi) _____ partit___ in treno o in macchina?
6. Anna _____ rimast___ a casa perché non si sentiva bene.
7. Sono arrivata in ritardo e _____ pers___ il treno.
8. Ieri Claudia e io _____ andat___ in discoteca.
9. Quest'estate ci _____ divertit___ moltissimo in vacanza.
10. E vi _____ anche abbronzat___ ?

10. Inserisci nelle frasi i pronomi diretti MI, TI, LO, LA, CI, VI, LI o LE.

1. Chiami tu Paolo o _____ chiamo io?
2. Ieri ho incontrato Paola e sua sorella e _____ ho accompagnate a casa.
3. Scusi, signora, _____ posso chiamare sul cellulare o preferisce un'email?
4. _____ inviti alla tua festa, vero?
5. _____ mando una cartolina quando arrivo a Bologna.

11. Inserisci nelle frasi i pronomi indiretti MI, TI, GLI, LE, CI, VI o GLI.

1. Telefoni tu a Paolo o _____ telefono io?
2. Ieri ho pensato a Paola e _____ ho scritto un'email.
3. Scusi, signora, _____ posso offrire un caffè?
4. Ieri ho visto Carlo e _____ ha detto che parte per le vacanze la settimana prossima.
5. Ragazzi, _____ spedisco una cartolina quando arrivo a Rimini.

12. Sostituisci la parte sottolineata con il pronome adatto:

*es. Oggi telefono a mio fratello > oggi **gli** telefono*

1. Chiami Anna per favore? > _____ chiami per favore?
2. Stasera telefono ai miei amici > stasera _____ telefono / stasera telefono _____
3. Voglio dire la verità > _____ voglio dire.
4. Scrivi a me per favore! > scrivi_____, per favore!
5. Parla a lui del problema! > parla_____ del problema!
6. Chiamo lui con il cellulare > _____ chiamo con il cellulare!
7. Date a noi il suo indirizzo? _____ date il suo indirizzo?
8. Faccio una festa a casa mia > _____ faccio a casa mia.
9. Regalo a voi un libro > _____ regalo un libro.
10. Regalo a voi un libro > _____ regalo a voi.

13. Completa con i pronomi diretti e fai l'accordo del participio.

*es. "Hai chiamato Anna?" " Sì, **l'**ho chiama**ta** ieri".*

1. "Hai conosciuto i miei cugini?" "Sì, _____ ho conosciut_____ alla tua festa".
2. "Hai mangiato la pizza?" "Sì, _____ ho mangiat_____ tutta".
3. "Hai scritto le cartoline da Venezia?" "Sì, _____ ho scritt_____ in treno".
4. "Hai guardato lo spettacolo?" "No, non _____ ho guardat_____".

14. Scrivi un' email a un(a) tuo(a) amico(a) per raccontare cosa hai fatto il fine settimana scorso (30-50 parole).

📩 posta in arrivo

A:
Cc:
Ccn:
Oggetto:

Unità 3 - QUANDO ERO A NAPOLI...

1. Ti ricordi la storia a pagina 44 e 45 di *Ciao ragazzi!* ? Scegli il riassunto giusto. Quali sono le differenze tra i due riassunti?

A. Francesco e Simona parlano con Massimo, un nuovo compagno di scuola che viene da Napoli. Gli fanno delle domande su cosa faceva prima di arrivare a Roma. Lui risponde che faceva sport e suonava uno strumento. Ora invece non fa niente. Simona e Massimo scoprono di avere una conoscenza comune, la cantante di un gruppo napoletano (una ragazza magra, con i capelli neri, lunghi). Massimo ha già suonato con lei. Francesco interviene per dire che lui è negato per la musica ma che gli piace lo sport. Massimo propone di insegnare a suonare la chitarra a Francesco e a Simona.

B. Francesco e Simona parlano con Massimo, un nuovo compagno di scuola che viene da Napoli. Gli fanno delle domande su cosa faceva prima di arrivare a Roma. Lui risponde che faceva sport e suonava uno strumento. Ora invece non fa niente. Simona e Massimo scoprono di avere una conoscenza comune, la cantante di un gruppo napoletano (una ragazza magra, con i capelli castani, lunghi). Massimo ha già cantato con lei. Francesco interviene per dire che lui è negato per la musica ma che gli piace lo sport. Massimo propone di insegnare a suonare la chitarra a Francesco.

2. Completa liberamente:

Sono portato(a) per...
Sono negato(a) per...

3. Descrivi un membro della tua famiglia o un tuo amico/amica. Puoi incollare qui la sua foto!

4. Ti ricordi di Guido Laremi? Vai a pagina 47 di *Ciao ragazzi!* e guarda i disegni. Descrivi uno dei personaggi.

5. Con quale frequenza fai queste azioni? Completa la tabella.

Svegliarsi presto	Mi sveglio presto cinque volte alla settimana
Prendere il taxi	Non prendo mai il taxi
Fare sport	
Suonare uno strumento	
Giocare a tennis	
Cantare	
Divertirsi	
Incontrare gli amici	
Guardare la tv	
Studiare	

6. Trasforma le frasi seguendo il modello.

Io / cantare / gruppo rock / gruppo folk > **Ora canto** *in un gruppo rock,* **prima cantavo** *in un gruppo folk.*

1. Tu / suonare / la chitarra / il piano
2. Luigi / preferisce / Napoli / Roma
3. I miei nonni / vivere / in Lazio / in Campania
4. Noi / alzarsi / alle sei / alle sette
5. Voi / essere / tranquilli / stressati
6. Io / giocare / a tennis / a calcio

7. Metti all'imperfetto i verbi tra parentesi.

Quando Valeria (*abitare*) _____ a Milano, (*essere*) _____ molto contenta perché (*avere*) _____ un sacco di amici e (*divertirsi*) _____ molto. Con Emma, la sua amica del cuore, (*andare*) _____ spesso al cinema. Le due amiche ogni tanto (*organizzare*) _____ delle feste e (*fare*) _____ shopping almeno una volta alla settimana. Poi, di solito il sabato pomeriggio, Valeria (*potere*) _____ giocare a tennis con Fabio, suo cugino. Una volta all'anno, lui, Valeria e spesso anche sua sorella (*andare*) _____ in montagna insieme. Ora Valeria e la sua famiglia abitano a Napoli e la loro vita è diversa.

8. Passato prossimo o imperfetto? Scegli i verbi alla forma giusta.

1. Ieri, a pranzo, *ho mangiato / mangiavo* solo un panino.
2. Mentre *ha fatto / faceva* i compiti Franca *ha ascoltato / ascoltava* la radio.
3. Quando *sono stata / ero* piccola *mi è piaciuto / mi piaceva* cantare.
4. La settimana scorsa Piera *ha avuto / aveva* un bambino.
5. Siccome ieri *ha fatto / faceva* brutto tempo tutto il giorno, Claudio e Lucia non *sono usciti / uscivano*.

9. Completa le frasi con il passato prossimo scegliendo tra i verbi del riquadro:

leggere / scrivere / mettere / prendere / dire / rimanere / scegliere / aprire / chiudere / chiedere

1. Il fine settimana scorso Carlo _____ un libro giallo.

2. (Tu) _____ in ordine la tua camera?
3. Dato che pioveva, ieri (noi) _____ a casa.
4. Ragazzi, _____ lo sport che volete fare?
5. Filippo _____ una bottiglia di coca cola.
6. Franca mi _____ che domani non può venire.
7. (Io) _____ la finestra perché avevo freddo.
8. I miei nonni _____ una cartolina ai loro amici.
9. (Tu) _____ l'autobus o il motorino, stamattina?
10. Stefano mi _____ dieci euro perché era al verde.

10. Due di queste frasi contengono un errore: quali? Scrivi la forma corretta.

1. Ho molte cose da fare.
2. Ascolto molto canzoni italiane.
3. Oggi non sto molto bene.
4. Tina ha i capelli molti corti.
5. Roma è molto grande.

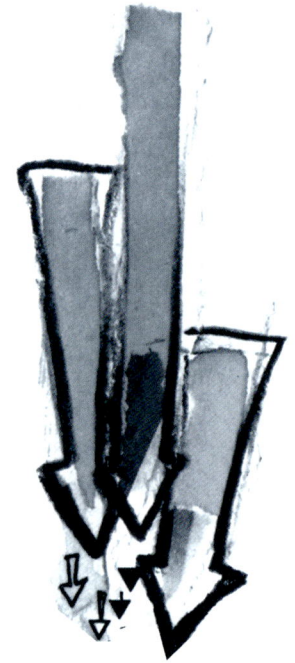

11. Completa le frasi con A, AL, ALL', ALLO, AI, ALLE o AGLI.

1. Da piccolo mi piaceva molto giocare ____ pallavolo.
2. Sabato siamo andati a cena ____ ristorante.
3. Vieni ____ scuola a piedi o in autobus?
4. Ho telefonato ____ miei amici per invitarli ____ casa mia.
5. ____ Roma ci sono molti monumenti antichi.
6. Faccio sport almeno una volta ____ settimana.
7. Vieni ____ stadio domenica?
8. Francesco pensa spesso ____ amici fiorentini.
9. Vado ____ casa.
10. Generalmente mangio ____ una e mezza o ____ due.

12. Completa con i nomi di sport. Le lettere nelle caselle scure danno il nome di un altro sport.

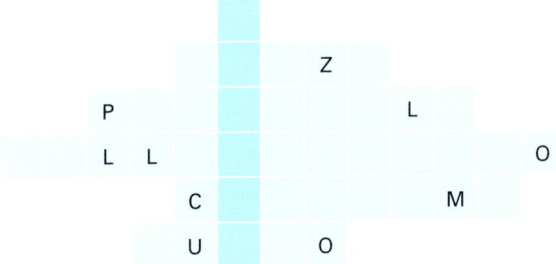

13. Come continua la storia di Guido Laremi (a pagina 47 di *Ciao ragazzi!*)? Immagina un seguito possibile.

La ragazza è arrivata: era alta, _____ Guido l'ha salutata e le ha chiesto: "_____".
Poi Guido e la ragazza, che si chiamava _____, _____. Allora io _____

Unità 4 - Scusi, signora...

1. Ti ricordi quali monumenti di Roma sono rappresentati nelle foto di pagina 52 di *Ciao ragazzi!*? Citane almeno 3:

1. _____ 2. _____ 3. _____ ...

2. Nel riassunto del dialogo di pagina 54 di *Ciao ragazzi!* ci sono 5 errori. Quali? Trovali e correggili:

Massimo chiama Francesco per chiedergli di aiutarlo a ritrovare il suo gatto. Francesco sta facendo i compiti di matematica ma è disponibile ad aiutare l'amico e si occupa anche di chiamare Simona. I tre amici si incontrano in centro e chiedono a una signora se ha visto un gatto bianco e nero con un collare rosso. La signora risponde che nel quartiere ci sono moltissimi gatti ma non ricorda di avere visto un gatto bianco e nero. Poi Francesco chiede a un negoziante se può mettere un volantino sulla vetrina del suo negozio. Il negoziante ricorda che una signora ha trovato un gatto e l'ha portato all'Associazione Protezione Animali. I ragazzi stanno per andare all'Associazione quando chiama la mamma di Massimo: per fortuna ha trovato il gatto! Era nascosto dietro il frigo.

_____
_____
_____

3. Rimetti in ordine le frasi per formare due dialoghi telefonici:

1. Un attimo, la chiamo.
2. Mi dispiace ma attualmente è in riunione.
3. Domani mattina. Gli vuole lasciare un messaggio?
4. Pronto? C'è Annamaria per favore?
5. È urgente. Quando posso trovarlo?
6. Posso parlare con il dottor Pitti?

Dialogo A
A. _____
B. _____

Dialogo B
A. _____
B. _____
A. _____
B. _____

4. Trasforma dal Lei al tu.

A. Buongiorno, scusi, Lei è Anna Rinaldi? _____
B. Sì, sono io. E Lei si chiama...? _____
A. Paolo Lupo. È di Genova? _____
B. Sì, e Lei? _____

A. Di Milano. Dove abita? _____
B. A Roma. Lei sta a Milano? _____
A. Sì. Che lavoro fa? _____

5. Guarda i disegni, indica se le affermazioni sono vere o false e correggi gli errori:

vero   falso

1. Il computer è sul letto. ☐ ☐ _____
2. La chitarra è sul letto. ☐ ☐ _____
3. I libri sono sotto la sedia. ☐ ☐ _____
4. Il pallone è tra la sedia e il letto. ☐ ☐ _____
5. Il gatto è sotto la scrivania. ☐ ☐ _____
6. La racchetta è tra la poltrona e l'armadio. ☐ ☐ _____
7. Lo zaino è tra la lampada e il libro. ☐ ☐ _____
8. Le scarpe da ginnastica sono sul tappeto. ☐ ☐ _____
9. Le scarpe da ginnastica sono dietro la sedia. ☐ ☐ _____
10. La valigia è vicino all'armadio. ☐ ☐ _____

6. Rileggi l'articolo a pagina 58 di *Ciao ragazzi!*. Scegli la risposta giusta tra le 3 proposte.

1. A Roma ci sono:
   a) più di mezzo milione di gatti   b) più di 300.000 gatti   c) più di 50.000 gatti.

2. I gatti che vivono in strada sono in numero:
   a) superiore   b) inferiore   c) uguale a quelli che vivono in casa.

3. Il gatto è uno dei simboli:
   a) del Lazio   b) di Roma   c) d'Italia.

4. A Torre Argentina i gatti vivono tra i resti di:
   a) antiche chiese barocche   b) antiche torri medievali   c) antichi templi romani.

5. Il Comune di Roma si occupa di:
   a) nutrire e curare   b) curare   c) nutrire i gatti gratuitamente.

6. Attualmente le persone che si occupano di dare da mangiare ai gatti sono:
   a) uomini   b) donne   c) tutti e due.

7. Leggi le descrizioni e indica di quali animali si tratta:

1. È considerato "il migliore amico dell'uomo". È fedele con il suo padrone ma può essere molto aggressivo con le persone che non conosce: _____

2. È piuttosto piccolo e generalmente non è aggressivo con gli uomini, però fa paura a molte persone. Abita sui muri delle case, soprattutto se non abitate. Si nutre di piccoli insetti che cattura grazie a un "filo" speciale che produce. Ha ispirato la creazione di un famoso supereroe. _____

3. È uno dei più grandi mammiferi esistenti. Vive generalmente in Asia e Africa ed è utilizzato anche come mezzo di trasporto. Ha due orecchie grandi e "un naso" molto particolare (che si chiama *proboscide*)! È famoso anche per la sua memoria eccezionale! _____

4. È un insetto che quasi nessuno ama. In inverno non si vede quasi mai, ma in estate è molto comune. Si nutre di sangue (anche quello umano) e per questo punge le sue vittime. È considerato anche responsabile della trasmissione di alcune malattie come la malaria. _____

8. Ricordi l'articolo a pagina 59 di *Ciao ragazzi!*? Completa il riassunto con gli elementi che mancano:

Luca Ansoldi ha rinunciato a partire con la Nazionale di hockey per _____.

La sua giustificazione non è piaciuta all'allenatore e ora _____.

Luca comunque è contento perché il suo cane sta meglio. Lo considera uno di famiglia perché _____
_____.

9. Completa con STARE+ GERUNDIO al presente o all'imperfetto:

1. Mentre (*io / mangiare*) _____ è suonato il telefono.
2. Claudia non può venire al cinema con noi, (*studiare*) _____.
3. Che (*tu / fare*) _____ ieri quando ti ho chiamato?
4. (*Noi / guardare*) _____ un film, quando la tv si è rotta.
5. Ragazzi! mi (*voi / ascoltare*) _____?
6. Marco (*finire*) _____ i compiti. Ti può chiamare più tardi?
7. "Dove sono i tuoi fratelli?" "(*giocare*) _____ sul terrazzo".
8. "Perché non hai risposto al telefono?" " (*fare*) _____ la doccia".
9. Non (*io / capire*) _____ niente della lezione di matematica.
10. Scusate, devo andare, mia madre (*aspettare*) _____.

10. Guarda i disegni a pagina 55 di *Ciao ragazzi!*. Cosa stanno facendo i personaggi in ogni vignetta?

11. Completa con PERCHÉ (SICCOME, DATO CHE / VISTO CHE) o con QUINDI:

1. Sono rimasto a casa _____ non stavo molto bene.
2. Ho perso l'autobus _____ sono andato a scuola a piedi.
3. Il film non era interessante, _____ ho deciso di leggere un libro.
4. Non sono uscito _____ dovevo studiare.
5. Non trovavo più il gatto _____ sono uscito per cercarlo.

12. Completa con i superlativi degli aggettivi e degli avverbi:

es. Hai delle foto di Roma (bello) _____ > Hai delle foto di Roma **bellissime**!

1. "Come stai?". "(bene) _____ grazie!".
2. Ho mangiato una pizza (buono) _____ ieri.
3. Gli elefanti sono animali (grande) _____.
4. "Come sta il tuo gatto?". " (male) _____, devo portarlo dal veterinario".
5. I cavalli sono animali (intelligente) _____
6. Quando ero piccola avevo un cane (buono) _____, si chiamava Buck.
7. Mi aiuti a portare la valigia per favore? (pesante) _____!
8. Ti piacciono i ragni? Ma sono (brutto) _____!
9. Il film è finito (tardi) _____.
10. La tua bici mi piace (molto) _____!

12. Completa con CI o NE o i pronomi LO /LA / LI / LE e fai l'accordo del participio:

1. "Hai portato il libro d'inglese?". "No, mi dispiace non _____ portat___".
2. "Avete comprato i quaderni?". "Sì, _____ abbiamo comprat___ due".
2. "Siete già andati a Roma?". "No, non _____ siamo mai andat___".
3. "Hai visto Annalisa?". "Sì, _____ vist___ ieri".
4. "Quando siete andati dalla nonna?". "_____ siamo andat___ questa domenica".
5. "Quante gattini hai preso all'associazione?". "_____ ho pres___ due".
6. "Come siete andati a Firenze?". "_____ siamo andat___ in macchina.
7. "Hai conosciuto i miei cugini?". "Sì, _____ ho conosciut___ alla tua festa di compleanno".
8. "Mia mamma ha fatto una torta buonissima. _____ vuoi un po'?".
9. "Quante persone _____ erano alla festa ieri?".
10. "Hai scritto la ricetta della pizza?". "Sì, _____ ho scritt___ sul mio quaderno".

13. Immagina e scrivi un dialogo telefonico tra Angelo Dini e la segretaria del signor Rosi.

Sei Angelo Dini. Telefoni al signor Rosi per un problema urgente. La segretaria ti risponde che non c'è e ti chiede il tuo nome. Rispondi e lei ti propone di lasciare un messaggio. Le dici che è urgente e lei ti suggerisce di telefonargli sul suo cellulare. Le chiedi il numero, lei te lo dà (3345786), la ringrazi e la saluti.

Unità 5 - TRA DUE GIORNI INIZIERÀ IL FESTIVAL DEL CINEMA

1. Ti ricordi le locandine dei film a pagina 65 di *Ciao ragazzi!*? Quali sono i titoli dei film?

Nel titolo si cita:

1. Una persona che per lavoro consegna le lettere, le cartoline, ecc.

2. Un ragazzino coraggioso

3. Un animale della foresta e una condizione atmosferica invernale

2. Cosa sai dei personaggi del dialogo a pagina 66 di *Ciao ragazzi!* e dei loro gusti? Attenzione! Qualche volta una risposta va bene per più personaggi!

Chi ...

1. Vuole andare a vedere l'ultimo film di Spielberg? _____
2. Non sopporta i film di fantascienza? _____
3. Preferisce i film italiani? _____
4. Vuole andare a vedere il film "Caterina va in città"? _____
5. Preferisce i film americani? _____
6. Incontrerà gli amici a piazza Navona sabato? _____
7. Non incontrerà gli amici a piazza Navona sabato? _____

3. Descrivi la vignetta 1 di pagina 67 di *Ciao ragazzi!*.

1. Che cosa si vede in primo piano? _____
2. Chi sono i personaggi? _____
3. Come sono vestiti? _____
4. Che cosa si vede sullo sfondo? _____

4. Indica se sei d'accordo o no con le affermazioni:

es. Mi piace la pasta > Anche a me / A me no.
Non mi piacciono i film d'avventura > Neanche a me / A me sì.
Preferisco i film americani > Anch'io / Io no.
Non vado mai al cinema > Neanch'io / Io invece sì.

1. Vorrei avere un motorino. _____
2. Mi piacciono le canzoni italiane. _____
3. Non prendo mai l'autobus. _____

4. Non sopporto la domenica. _____
5. Detesto il calcio. _____
6. Non mi piacciono i gelati. _____
7. Voglio fare un viaggio in Italia. _____
8. Mi piace la musica classica. _____
9. Sono spesso triste. _____
10. Mi piacciono le lasagne. _____

5. Rimetti in ordine il dialogo tra Angelo e Domenico:

1. Sì, ma solo una volta! E poi di solito facciamo sempre le cose che piacciono a te, per esempio, andare al cinema…
2. No, dai! Andiamo allo stadio per una volta!
3. A me sì invece e non facciamo mai le cose che piacciono a me! Non è giusto!
4. Non è vero! Siamo andati allo stadio un mese fa.
5. Beh sì, andare al cinema è più interessante che andare allo stadio. A proposito, perché non andiamo a vedere l'ultimo film di Tornatore domenica?
6. Va bene, per questa volta hai vinto tu!
7. No! Per favore! Non mi piace il calcio!

Angelo: *Cosa ne dici? Andiamo allo stadio domenica?*
Domenico: _____
Angelo: _____
Domenico: _____
Angelo: _____
Domenico: _____
Angelo: _____
Domenico: _____

6. Ricostruisci le frasi:

1. tuo / il / è / zaino / del / più / pesante / mio

   _____

2. guidare / è / faticoso / la / bicicletta / andare / moto / la / in / meno / che

   _____

3. aggressivo / tanto / quel / piccolo / cane / è / quanto

   _____

4. mio / tempo / fratello / ha / il / minore / me / più / libero / di / molto

   _____

5. che / mare / andare / montagna / meno / divertente / passare / in / vacanze / le / al / andare / è

   _____

7. Completa con le forme corrette di *bello* e *quello*:

1. Conosco _____ ragazzo da molto tempo.
2. Al festival del cinema italiano ho visto due _____ film del neorealismo.
3. _____ automobile è di mia sorella.
4. Ragazzi, di chi sono _____ zaini?
5. Hai visto il film "Pane e Tulipani"? È una _____ storia.

8. Completa con il futuro:

1. Domani (*noi / partire*) _____ per Londra.
2. (*Tu / parlare*) _____ a Giulio di quel problema?
3. Per andare a scuola (*io / prendere*) _____ l'autobus.
4. Cosa (*voi / fare*) _____ il prossimo fine settimana?
5. Stasera Anna e Luigi (*finire*) _____ di studiare molto tardi.
6. Oggi non ci sentiamo molto bene; stasera (*mangiare*) _____ leggero.
7. Sei la persona più importante della mia vita; (*io / dimenticare*) non ti _____ mai!
8. Mariangela (*cercare*) _____ un lavoro negli Stati Uniti dopo il liceo.
9. Luca e Angelo (*cominciare*) _____ l'università l'anno prossimo.
10. (*Voi / giocare*) _____ con me a calcio sabato prossimo?
11. (*Noi / vedere*) _____ un film italiano stasera in tv.
12. (*Voi / venire*) _____ alla festa del mio compleanno?
13. Angelo non (*avere*) _____ molto tempo domani.
14. (*Tu / sapere*) _____ come tornare a casa da solo?
15. (*Io / rimanere*) _____ a casa stasera perché devo studiare.

9. Che progetto ha Lucia? Trasforma al futuro come nell'esempio:

Dopo la fine del liceo Lucia andrà negli Stati Uniti per un anno minimo...

Lucia: dopo la fine del liceo ho voglia di...

- Andare negli Stati Uniti per un anno minimo.
- Fare un corso di inglese per migliorare il mio livello di lingua.
- Poi seguire una scuola di recitazione importante.
- E quindi diventare una brava attrice.
- Sono quasi sicura di avere successo a Hollywood!
- Al ritorno in Italia spero di partecipare a dei film importanti a Cinecittà.
- Invitare tutti i miei amici al festival di Venezia.

10. Descrivi un tuo sogno o un tuo progetto (viaggio, lavoro…):

Quando avrò _____

11. Completa liberamente:

Che cosa farai...

1. Fra cinque ore? _____
2. Stasera? _____
3. Domenica prossima? _____
4. Quando avrai finito la scuola? _____
5. Durante l'estate? _____

12. Cosa sai del cinema italiano? Indica se le affermazioni sono vere o false. Se non sei sicuro, controlla a pagina 71 di *Ciao ragazzi!*.

	vero	falso
1. Il neorealismo è uno dei periodi più importanti del cinema italiano.	☐	☐
2. Questa corrente cinematografica comincia dopo la prima guerra mondiale.	☐	☐
3. Si chiama così perché i registi hanno voluto dare un'immagine realistica dell'Italia di quel periodo.	☐	☐
4. Nanni Moretti è il regista di *Ladri di biciclette*.	☐	☐
5. Cinecittà si trova vicino a Milano.	☐	☐
6. È stata inaugurata durante il periodo del fascismo.	☐	☐
7. Negli anni '50 era considerata la Hollywood italiana.	☐	☐
8. Il film *Quo vadis* è stato realizzato a Hollywood.	☐	☐

13. Rileggi il testo a pagina 73 di *Ciao ragazzi!* e rispondi alle domande:

1. Che cosa mette nello zaino la narratrice prima di entrare a scuola? _____
2. Dove si siede? Perché? _____
3. Che tipo di amici ha? _____
4. Chi è Carolina? _____
5. Da quanto tempo la narratrice conosce Carolina? _____
6. Che cosa studia Carolina? _____
7. Perché la gente è sorpresa di vedere Carolina e la narratrice insieme? _____

14. Scrivi un breve testo (50-80 parole) sul rapporto tra te e un(a) tuo(a) amico(a).

Come si chiama? Quanti anni ha? Come e dove vi siete conosciuti? Siete simili o diversi fisicamente? (è più o meno alto(a) / basso(a) / biondo(a) / bruno(a) / magro (a), ecc. di te?) e dal punto di vista del carattere? (è più o meno pratico (a) / studioso (a) / allegro (a) ecc. di te?)
Che cosa gli /le piace (fare)? Che cosa non gli / le piace? Con quale frequenza vi vedete? Dove?

Unità 6 - OGGI È SAN VALENTINO

1. Guarda i disegni a pagina 81 di *Ciao ragazzi!* e completa l'email di Chiara.

A:
Cc:
Ccn:
Oggetto:

Cara Elena,

Vorrei chiamarti ma sono già le 22.30, allora ti scrivo. Ti devo assolutamente raccontare la mia giornata di ieri con Francesco ♥!!

Ci siamo.... _____

_____

... un gelato... _____

bacio.... _____

Poi Francesco ha chiesto a un signore... _____

palazzo Gallenga.

E poi ci siamo seduti in un giardino pubblico e... _____

2. Guarda e descrivi.

Vignetta 1.
Quale monumento si vede sullo sfondo? _____
Che tempo fa? Come si capisce? _____

Vignetta 2.
A cosa pensa Chiara? _____
Che gusti sono, secondo te? _____

Vignetta 3.
Chi dei tre personaggi ha una sciarpa? _____
Chi ha un giubbotto marrone? _____
Chi ha un cappotto verde? _____
Chi ha un cappello? _____
Chi ha una giacca a vento rosa? _____

3. Tu, Lei o Voi? Ecco tre dialoghi mescolati. Prova a ricostruirli.

1. Scusa, per andare a piazza della Repubblica?
2. Senta, sa se c'è una banca da queste parti?
3. Non lo sappiamo, non siamo di qui.
4. Grazie, è molto gentile.
5. Guarda, è facile, continua sempre dritto.
6. Bene, ciao!
7. Scusate, dov'è la Fontana Maggiore?
8. Sì, è proprio qui a sinistra.

TU: _____

LEI: _____

VOI: _____

4. *Ci vuole* o *ci vogliono*?

A. Scusi, quanto tempo _____ per andare a piazza IV Novembre a piedi?
B. Non è lontano, _____ al massimo dieci minuti.

A. Scusa, c'è una farmacia da queste parti?
B. Sì, è in via Baglioni.
A. Ma è lontano?
B. Abbastanza, _____ almeno un quarto d'ora, secondo me.
C. Ma no, _____ solo otto/dieci minuti!

5. Guarda la piantina di Perugia. Inventa dei dialoghi.

A. Sei in piazza Italia e vuoi andare in piazza Danti.
   Chiedi informazioni a una signora che ti dà le indicazioni.
B. Sei in via Baglioni e vuoi andare in piazza Morlacchi.
   Chiedi a un ragazzo che ti dà le indicazioni.
C. Sei in piazza IV Novembre e vuoi andare in via Bonazzi.
   Chiedi a due signori che ti danno le indicazioni.

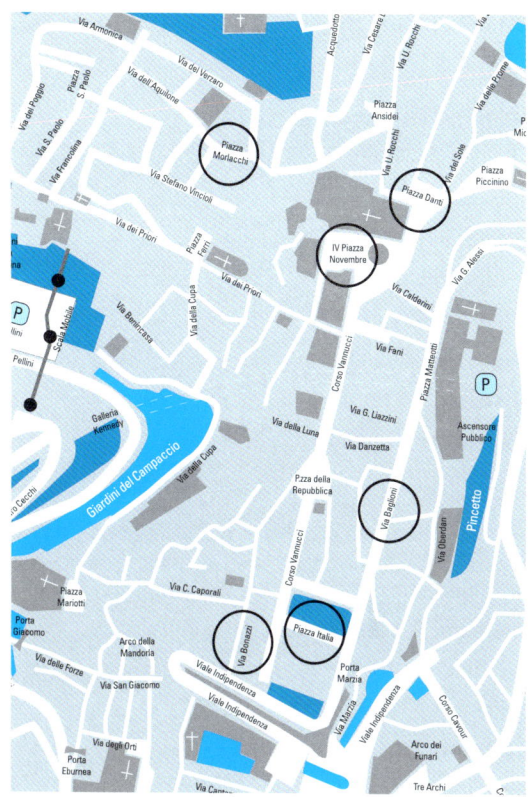

6. Completa le frasi con il condizionale dei verbi del riquadro:

essere / piacere / piacere / volere / volere

1. _____ conoscere tuo fratello: lo trovo così carino!
2. Ti _____ venire a cena a casa mia?
3. _____ bello andare tutti al mare insieme, no?
4. Voi _____ fare l'università, più tardi?
5. Mi _____ molto visitare l'Umbria e le Marche.

7. Metti al condizionale i verbi tra parentesi:

1. Clara, mi (*accompagnare*) _____ a casa?
2. Senti, (*uscire*) _____ con me, domani sera?
3. Io (*mangiare*) _____ un panino, ho una fame! E tu?
4. Ragazzi, (*mettere*) _____ in ordine la classe, per favore? C'è una confusione terribile.
5. (*pagare*) _____ noi volentieri, ma abbiamo lasciato a casa tutti i soldi.
6. Carlo, scusa, mi (*restituire*) _____ i 10 euro che ti ho prestato ieri?
7. Luca (*chiedere*) _____ volentieri a Simona di uscire con lui, ma è così timido!
8. Noi (*dormire*) _____ fino alle undici, la domenica, ma i nostri genitori non vogliono.
9. Come mi (*piacere*) _____ essere in vacanza!
10. Signora, (*spedire*) _____ questa lettera per me, per favore?

8. Come il precedente.

1. Simona (*venire*) _____ con me al cinema ma sua madre non vuole.
2. Ragazzi, che ne (*dire*) _____ di cenare insieme?
3. Noi (*volere*) _____ uscire stasera ma non possiamo.
4. Scusate, mi (*potere*) _____ indicare dov'è una farmacia?
5. Piera, ti (*andare*) _____ di venire a casa mia?
6. I tuoi amici (*essere*) _____ contenti di restare ancora qui?
7. Scusate, (*avere*) _____ due euro da prestarmi?
8. Secondo me voi (*dovere*) _____ studiare un po' di più.
9. Scusi, (*sapere*) _____ dirmi dov'è la stazione, per favore?
10. Noi (*fare*) _____ volentieri un giro nel parco, che ne dite?

9. Ti ricordi che feste ci sono in queste date, in Italia?

il primo gennaio _____
il 6 gennaio _____
il 15 agosto _____
il 25 dicembre _____
il 26 dicembre _____

10. Guarda le foto. Quando si mangiano questi prodotti in Italia?

1. _____ , 2. _____ , 3. _____ , 4. _____

11. Completa i bigliettini di Lucia.

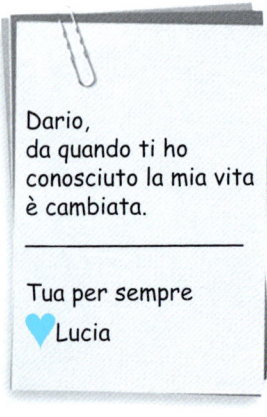

Dario,
da quando ti ho conosciuto la mia vita è cambiata.
_____

Tua per sempre
♥Lucia

Mamma,
lo so che qualche volta sono insopportabile ma _____ tanto _____, lo sai, vero?
Tua figlia Lucia

Ciao Michela,
come va? Sei riuscita a conoscere quel ragazzo che _____ _____ tanto?
Spero di sì!

12. Rileggi il testo sulla vita di San Francesco a pagina 86 di *Ciao Ragazzi!* e indica se le affermazioni sono vere o false.

	vero	falso
1. Nel 1202 partecipa a una guerra e va in prigione.	☐	☐
2. Un povero gli dà il suo mantello.	☐	☐
3. Nel 1207 il vescovo decide di abbandonare tutte le sue ricchezze.	☐	☐
4. Francesco decide di vivere da solo.	☐	☐
5. Nel 1209 San Francesco va a Roma per avere l'approvazione del papa per il suo ordine.	☐	☐
6. Secondo la leggenda, Francesco riesce a comunicare con gli uccelli.	☐	☐
7. Muore nel 1226.	☐	☐
8. Quando muore San Francesco ha meno di cinquant'anni.	☐	☐
9. È chiamato *il Poverello*.	☐	☐
10. Esiste anche un ordine francescano per le donne.	☐	☐

13. Ricostruisci le frasi:

1. Paola / simpatica / la / più / classe / della / è / ragazza

2. L'amicizia / la / più / cosa / importante / è / secondo me

3. Per me, la cattedrale di Spoleto / più / è / la / bella / Umbria / dell'

4. Questa gelateria / del / paese / è / peggiore / la

5. Questo ragazzo / è / migliore / il / studente / scuola / della

14. Trasforma le frasi dal LEI al TU.

1. Per andare a piazza della Repubblica, prenda corso Vannucci, passi davanti al Museo Nazionale e continui sempre dritto.
2. Per la stazione? Attraversi questa piazza e prenda un taxi, è meglio!
3. Per la Rocca Paolina, scenda le scale mobili!

15. Chiara torna a Firenze e scrive un bigliettino a Francesco per ringraziarlo della bella giornata passata insieme. Aiutala!

Caro Francesco,

grazie per...

Sono molto contenta perché...

Mi piacerebbe molto...

...

Spero che ci vedremo presto.

Chiara

Unità 7 - OGGI SI DEVE CAMMINARE

1. Guarda i disegni a pagina 93 di *Ciao Ragazzi!*. Racconta la gita della classe di Francesco.

Francesco e la sua classe sono andati in gita scolastica alle Cinque Terre, in Liguria.
Da Monterosso hanno cominciato a salire per andare verso Vernazza.

Ad un certo punto... _____

Poi... _____

Allora... _____

Alla fine... _____

2. Guarda la vignetta. Alice si è fatta male alla caviglia. Quali consigli puoi darle?

Puoi usare questi verbi:
muovere / muoversi / alzarsi / provare / camminare / andare / riposare / rimanere / stare / ...

Sta' seduta / Non muovere la gamba!...

3. Anche il professore è caduto e si è fatto male al ginocchio. Che consigli gli danno gli studenti? Puoi usare i verbi dell'attività precedente.

Stia seduto! Non muova la gamba!...

4. Completa il dialogo usando le seguenti parole:

aspirina / passeggiata / letto / sole / medico / mangiare qualcosa di leggero

Ada: Ciao Clara, come va?
Clara: Ho un mal di testa terribile. Forse sono rimasta troppo _____
Ada: Mi dispiace _____
Clara: No, sono allergica all'aspirina.
Ada: _____
Clara: L'idea di uscire non mi va. Sono stanca.
Ada: Allora _____
Clara: Ho già cercato di dormire ma non ci riesco.
Ada: _____
Clara: Ho preso un tè con dei biscotti ma il mal si testa non mi è passato.
Ada: _____
Clara: Sì, hai ragione, ora gli telefono.

5. Trasforma le frasi all'imperativo:

es. Alice, dovresti restare qui > resta qui! / Signora, dovrebbe restare qui > resti qui!

1. Dovresti coprirti! _____
2. Dovrebbe sedersi! _____
3. Dovresti andare dal dentista! _____
4. Dovrebbe uscire! _____
5. Dovresti dire la verità! _____
6. Dovresti leggere! _____
7. Dovrebbe muoversi! _____
8. Dovresti dimagrire! _____
9. Dovrebbe rimanere a casa! _____
10. Dovresti alzarti! _____

6. Trasforma le frasi precedenti alla forma negativa.

es. Non dovresti restare qui > non restare qui! / Dovrebbe restare tranquilla > resti tranquilla!

7. Completa le frasi secondo il modello:

es. Se vuoi comprare il dizionario, compraLO!

1. Se vuoi preparare il caffè, _____ !
2. Se vuoi mangiare questi panini, _____ !
3. Se vuoi chiamare Marta, _____ !
4. Se vuoi prendere l'autobus, _____ !
5. Se vuoi finire gli esercizi, _____ !

6. Se non vuoi raccontare la verità, _____ !
7. Se non vuoi fare la dieta, _____ !
8. Se non vuoi chiamare Stefano, _____ !
9. Se non vuoi bere la coca cola, _____ !
10. Se non vuoi dire la verità, _____ !

11. Se vuole chiamare il dottore, _____ !
12. Se vuole chiedere le informazioni necessarie, _____ !
13. Se non vuole pagare 20 euro, _____ !
14. Se non vuole leggere il libro d'inglese, _____ !
15. Se vuole chiedere una piantina, _____ !

8. Completa le frasi con *ci vuole, ci vogliono, bisogna* o *basta*.

1. Per andare da Vernazza a Monterosso in treno _____ pochi minuti. A piedi, invece, _____ camminare più di un'ora!
2. Per partecipare alla gita _____ iscriversi entro lunedì.
3. Per dimagrire, _____ fare un po' di dieta.
4. _____ rispettare la natura.
5. Cosa _____ per andare negli Stati Uniti? _____ la carta d'identità o _____ il passaporto?
6. Se si ha mal di testa non _____ stare troppo davanti al computer.
7. _____ del tempo libero per fare volontariato.
8. Per prenotare la camera _____ telefonare all'albergo una settimana prima dell'arrivo.
9. Per fare la Via dell'Amore tra Riomaggiore e Manarola _____ le scarpe adatte.
10. Procurarsi una piantina della città non è difficile: _____ rivolgersi all'Ente per il Turismo.

9. Completa liberamente:

1. Per fare la pizza *occorre / occorrono*…

_____

2. Per imparare bene l'italiano *bisogna*…

_____

3. Per essere in forma *si deve*...

4. Per rispettare la natura *occorre*...

5. Per fare un picnic *serve / servono*...

10. Guarda il disegno e indica le parti del corpo.

il collo

la vita

11. Leggi il testo B a pagina 98 di *Ciao Ragazzi!* e rispondi alle domande.

1. Per chi è il doposcuola?

2. Chi si occupa dei bambini?

3. Quanti sono i volontari?

4. Che tipo di attività organizzano?

5. Qual è l'obiettivo del doposcuola?

12. Inventa un decalogo, cioè una lista di 10 regole da seguire, come il *decalogo del benessere* a pagina 96 di *Ciao Ragazzi!*. Puoi scegliere tra

a) *il decalogo del buon ecologo*
b) *il decalogo del buon amico*

Unità 8 - È UN PERIODACCIO...

1. Ricordi le foto a pagina 102 e 103 di *Ciao Ragazzi!*?

1. Su che piazza e davanti a quale chiesa si trova una statua di Dante Alighieri?

2. Qual è il più famoso museo di Firenze?

3. In quale piazza di Firenze c'è una torre con un orologio?

4. Quale famosissimo pittore ha fatto il ritratto di Dante riprodotto a pagina 103?

5. Quale fiume passa a Firenze?

2. Quali sono gli intrusi? Tre di questi oggetti non sono visibili nelle vignette di pagina 105 di *Ciao Ragazzi!*. Quali?

Un poster di calcio / un calzino / una tazza / un computer / una libreria / un telefono / delle fotografie / un pallone / una lavagna / un calendario / dei libri / un cellulare / delle penne / una pallina da tennis / un dvd / un coniglio di peluche / degli occhiali / una lampada

3. Guarda le vignette e completa i dialoghi:

Francesco: Mamma! Ti ho già detto che non _____ che tu metta in ordine la mia camera!
Mamma: Per forza! Se non lo _____ io, la tua camera diventa una giungla!
Francesco: Tu credi che io _____ un bambino, ma non è vero, hai capito?

Padre: Simona! _____ da un'ora e mezzo! Ma con chi _____ ?
Simona: Uffa, papà! _____ con Alice! È importante!
Padre: Basta! Credo che _____ ora di chiudere!
Simona: Certo! Per te conta solamente che io non _____ troppi soldi al telefono e non capisci le cose che sono importanti per me!

Padre: Ancora al _____ ? Sono le _____ !
È ora di andare a _____ .
Alice: Solo un attimino, papà. Ho quasi finito...
Padre: No! Ho detto di _____ .
Alice: Non è _____ ! Sei troppo _____ con me!

4. Rileggi il dialogo a pagina 105 di *Ciao ragazzi!* e cerca le frasi:

1. Simona vuole far cominciare a studiare Francesco e Alice. Cosa dice?

2. Simona dice alla sua amica che si stressa troppo. Quali parole di Alice giustificano questa osservazione?

3. Quale argomento trova Francesco per evitare che le due amiche continuino a litigare?

4. Francesco non va sempre d'accordo con la mamma. Che cosa le rimprovera?

5. Perché Francesco, Alice e Simona litigano con i genitori? Cosa dicono?

6. Rispondi.

Quali rimproveri accetti dai tuoi genitori perché riconosci anche senza dirlo che hanno ragione loro?

Quali ti sembrano, invece, del tutto ingiustificati?

7. Rileggi le descrizioni dei genitori a pagina 108 di *Ciao ragazzi!* e rispondi alle domande:

1. Perché i genitori *intransigenti* dicono sempre di no?

2. Cosa possono fare i figli per cercare di rassicurare questo tipo di genitori?

3. Quali caratteristiche hanno i genitori *superprotettivi*?

4. Cosa possono fare i figli per andare d'accordo con questo tipo di genitori?

5. Perché l'atteggiamento dei genitori *amiconi* non è sempre un bene per i figli?

6. Cosa possono fare i figli con questo tipo di genitori?

8. Completa le frasi e indica a quale brano di pagina 109 di *Ciao ragazzi!* (A, B, C, D, E) si riferiscono:

es. Non sopporta che i genitori non le (*permettere*) _____ di andare in motorino con Carolina =>
Non sopporta che i genitori non le permettano di andare in motorino con Carolina => brano A

1. Gli dà fastidio che i genitori lo (*giudicare*) _____
2. Ha paura che sua figlia (*stare*) _____ male lontano da lei.
3. La fa arrabbiare che i suoi genitori le (*dire*) _____ di non perdere tempo.
4. La rende felice che i suoi genitori (*essere*) _____ il suo coraggio.
5. Lo fa arrabbiare che i genitori (*decidere*) _____ la vita dei figli sui loro desideri.
6. Le dà fastidio che i genitori la (*vedere*) _____ sempre bambina.
7. Non sopporta che i genitori le (*ripetere*) _____ che non deve fumare.
8. Le fa paura che sua figlia non (*essere*) _____ più la sua.
9. Teme che gli altri non (*amare*) _____ sua figlia come la ama lei.
10. Pensa che i genitori (*sapere*) _____ solo giudicare la vita dei figli.

9. Completa liberamente:

1. Mi dà fastidio che _____
2. Mi fa piacere che _____
3. Mi rende triste che _____

10. Completa la tabella con le forme del congiuntivo mancanti:

	Io	Tu	Lui/lei	Noi	Voi	Loro
Parlare	parli			parliamo		
Prendere		prenda				prendano
Dormire			dorma		dormiate	
Finire	finisca			finiamo		
Essere		sia				
Avere			abbia			abbiano

11. Rispondi come nell'esempio:

Quando comincia la scuola? (il 15 settembre) > Credo che cominci il 15 settembre

1. Possiamo vedere il dvd a casa di Gianni? (*la partita*) _____
2. Su cosa è il compito domani? (*Dante*) _____
3. Sua sorella abita in Italia? (*Roma*) _____
4. A che ora arrivano Marilena e Giulia? (*verso le 7*) _____
5. Angelo prende il treno delle 8? (*il treno delle 9*) _____
6. Luca spedisce molti sms ai suoi amici? (*pochi*) _____
7. I tuoi amici dormono a lungo il week end? (*fino alle 11*) _____
8. Perché Francesco non viene alla festa? (*ha già un impegno*) _____
9. Quando finisce di studiare Rosa? (*molto tardi*) _____
10. Quante lingue parlano Annalisa e Michele? (*quattro*) _____

12. Completa con il verbo al congiuntivo presente:

1. Mia madre crede che i figli (*dovere*) _____ mettere in ordine la loro stanza.
2. Pensiamo che voi (*dare*) _____ sempre ragione a loro.
3. Non sopportano che noi (*fare*) _____ sempre rumore.
4. Credo che sua sorella (*stare*) _____ in Italia.
5. Mi fa piacere che tu mi (*dire*) _____ la verità
6. Pensi che Claudia (*rimanere*) _____ a casa oggi?
7. Non sono contento che i miei fratellini (*venire*) _____ con me alla festa.
8. Credo che Mariangela non (*potere*) _____ uscire con noi stasera.
9. Pensano che voi (*volere*) _____ tornare subito a casa.
10. Mi fa felice che Paolo (*uscire*) _____ con me sabato prossimo.

13. Ricostruisci le frasi:

1. andare / Roma / pensiamo / in / estate / la / in / prossima / di / vacanza / a

2. tu / troppo / credono / con /sia / loro / severa /che

3. bugiardo / mio /io /sia / fratello /pensa / che

4. una / sincera /pensa / di / mio / essere / persona / fratello

5. aiutarci / pensate /avere / di / il / tempo / di

14. Completa il cruciverba. Se hai risposto correttamente nelle caselle azzurre scure apparirà il nome di un famosissimo artista toscano:

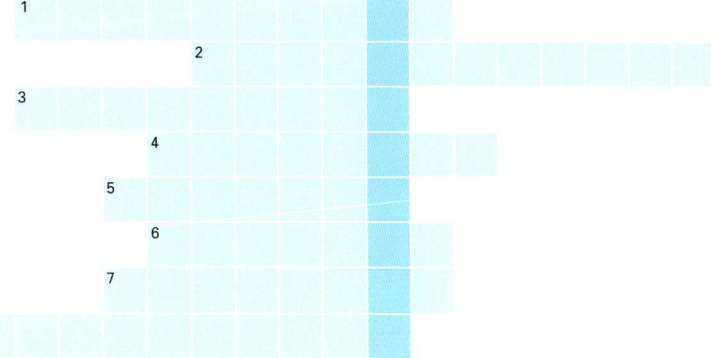

1. Una persona molto calma, che non si agita facilmente.
2. Una persona permalosa, che si offende con facilità.
3. Un ragazzo che perde sempre le chiavi di casa e il telefonino.
4. Un uomo che sa aspettare e non si innervosisce.
5. Una ragazza sempre di buon umore.
6. Un ragazzo che ama dire la verità.
7. Una persona che non dice la verità.
8. Un genitore che non è severo e permette ai figli di fare molte cose.

15. Completa le descrizioni con i pronomi relativi CHE o CUI + preposizione e la caratteristica del carattere come nell'esempio:

Una persona _____ si agita per poco è? => Una persona CHE si agita per poco è NERVOSA.
_____ ti puoi fidare è? => Una persona DI CUI ti puoi fidare è FEDELE / SINCERA.

Una persona:

1. _____ non dice la verità è _____
2. _____ è meglio non raccontare un segreto perché lo racconterà è _____
3. _____ la cosa più importante è l'amore è _____
4. _____ cambia spesso umore in modo imprevedibile è _____
5. _____ dà fastidio aspettare è _____
6. _____ è piacevole stare perché mette di buon umore è _____
7. _____ ti puoi fidare perché non ti tradirà mai è _____
8. _____ perde facilmente tutto e dimentica gli appuntamenti è _____

16. Immagina che i tuoi genitori ti scrivano una lettera per dirti cosa li fa arrabbiare e cosa gli fa piacere nel tuo modo di comportarti con loro (50 –80 parole):

Caro(a) _____ ,
Ti scrivo per dirti che ...

Unità 9 - VIVERE A MILANO DEV'ESSERE STUPENDO

1. Guarda le foto a pagina 114 e 115 di *Ciao ragazzi!* e indica se le affermazioni sono vere o false:

		vero	falso
1.	Un uomo indossa un paio di jeans.	☐	☐
2.	Una donna ha un vestito a forma di foglia.	☐	☐
3.	Nessun uomo indossa la cravatta.	☐	☐
4.	In una vetrina si vede una maglietta blu.	☐	☐
5.	In una vetrina si vedono dei pantaloni corti bianchi.	☐	☐
6.	Tutti gli uomini hanno una giacca nera.	☐	☐
7.	Tutti gli uomini indossano dei pantaloni neri.	☐	☐
8.	Due ragazze indossano i jeans.	☐	☐
9.	Nessuno porta scarpe da ginnastica.	☐	☐

Nella sfilata di moda femminile:

10.	Tutte le donne portano delle scarpe con i tacchi.	☐	☐
11.	Nessuna donna indossa una gonna.	☐	☐
12.	Nessuna donna indossa dei pantaloni.	☐	☐

2. Rileggi il dialogo a pagina 116 di *Ciao ragazzi!* dalla riga 12 alla riga 26 e racconta cosa dicono i personaggi.

Massimo chiede a Simona che tipo di negozio ha sua zia, Simona risponde che
_____
_____

Alice dice che _____
Ma Simona _____
Allora Barbara immagina che forse _____
Francesco interviene dicendo che _____

3. Rileggi il dialogo a pagina 116 di *Ciao ragazzi!* e cerca le frasi.

1. Alice si interessa alla moda ma sa anche gestire i suoi soldi. Quale frase lo fa capire?
   _____

2. Simona è più fortunata delle sue amiche. Perché? Cosa dice?
   _____

3. Quali parole fanno pensare che Simona non ammira molto sua cugina?
   _____

4. Le amiche della cugina di Simona la chiamano Miss Eleganza. Quale espressione fa capire che non sono sincere?
   _____

5. Quali espressioni usano gli amici per indicare il loro disaccordo sugli occhiali da sole?
   _____

4. Paola, la cugina di Simona, è una disegnatrice di moda; ha 22 anni, vive a Milano. Come immagini le sue giornate di lavoro? Cosa fa nel tempo libero? Come si veste? Quando va al supermercato, che tipo di prodotti compra?

_____
_____
_____

5. Alice entra in un negozio di abbigliamento. Completa il dialogo.

Alice: Buongiorno, _____ vedere la gonna a righe che è in _____.
Commessa: Che _____?
Alice: Generalmente porto la 42.
Commessa: Esiste questo _____ a righe bianche e nere o un altro modello rosso e blu.
Alice: _____ rosso e blu.
Commessa: Ecco. Le piace?
Alice: Sì, molto. _____ posso _____?
Commessa: Certo. Il camerino è in fondo a destra.
Alice: Ma… _____ _____?
Commessa: Solo 40 euro, è in saldo.
Alice: Ah, bene. Allora la prendo.

6. Abbina i brani ai titoli che si trovano a pagina 120 (att. 14) di *Ciao ragazzi!*. Ma attenzione: uno degli articoli non corrisponde a nessun titolo. Quale?

A. _____
Per una volta sono tutti d'accordo; stilisti, case di moda e gente comune dicono basta alla morte di giovani ragazze che inseguono il sogno delle magrezza a tutti i costi. E per dimostrarlo un'iniziativa forte: a partire da oggi potranno sfilare sulle passerelle milanesi solo ragazze di taglia "normale". Basterà a evitare casi come quelli di Ana Carolina, modella brasiliana morta qualche giorno fa, che da un mese si nutriva solo di mele e yogurt per non ingrassare?

B. _____
Tutte le proposte dei più grandi stilisti per l'uomo del prossimo autunno-inverno; e a Milano arrivano le star, per vedere le sfilate e scegliere i "must" per la moda maschile di quest'anno.
Ma come sarà la moda uomo per la prossima stagione? Nelle sfilate milanesi si vede un ritorno all'uomo vero, maschio ma non maschilista, gentile ma non stupido.

C. _____
Da un'indagine svolta in diversi paesi è questa l'immagine dell'italiano che è venuta fuori. Agli stranieri piace la nostra attenzione nel vestire, anche se quasi tutti sono d'accordo che siamo un po' esagerati e spesso poco discreti. Fa invece un po' sorridere la nostra mania di portare gli occhiali da sole sulla testa anche quando del sole non c'è neanche… l'ombra! Ma siamo davvero così?

D. _____
Anni fa c'era una pubblicità dell'Amaro Ramazzotti? Lo slogan, diventato famoso diceva "Milano da bere" e in molti la

vedono ancora così. Una città dove la gente è ricca, lavora bene e spende molto per vestiti di marca e la sera si siede a bere un aperitivo in un locale elegante. Ma perché nessuno parla dei milanesi "doc", della Milano operaia che non ha preso mai un aperitivo in vita sua e si sogna lo shopping alla Galleria o in Via Monte Napoleone? Oggi una mostra fotografica ha deciso di ricordare che anche questa Milano esiste ed è forse la parte più vera.

E. _____
Esiste un posto a Milano dove la sola regola per i bambini è quella di toccare tutto quello che vedono: MUBA, il Museo dei Bambini di Milano, presenta infatti dal 28 gennaio al 30 marzo "Vietato non toccare. Bambini a contatto con Bruno Munari", una mostra rivolta al pubblico delle scuole dell'infanzia e dei nidi, attraverso le opere che l'artista e designer ha dedicato loro in oltre 70 anni di attività.

F. _____
Ve lo sareste mai aspettato? Noi italiani saremmo campioni del lusso, almeno di quello dei sogni. È quello che mostra un'indagine svolta nei paesi europei. Agli intervistati è stato chiesto quali oggetti rappresentano per loro il lusso e quali vorrebbero comprare in caso di improvvisa ricchezza; tra i primi venti oggetti citati, molti sono italiani e il sogno dei sogni è quello di possedere una Ferrari.

G. _____
Vi ricordate la moda dell'anno scorso? Colori tenui, grigi e beige e una moda tutta in discrezione e mezze misure. Bene! Buttate via i vostri vestiti perché quest'anno le passerelle milanesi hanno cambiato rotta: viva la donna eccentrica, esuberante che non ha paura della propria femminilità, che osa mostrare le gambe e che ha voglia di piacere.

7. Abbina le parole che hanno una relazione evidente tra loro.

Collo   cappello
Petto   cravatta
Vita   calzini
Piede   occhiali
Testa   cintura
Occhi   giacca

8. Rispondi.

Quali vestiti ti sembrano indispensabili per l'estate?
_____

E per l'inverno?
_____

Quali colori preferisci per:
un vestito? _____
una giacca? _____
delle scarpe? _____
Hanno importanza per te le marche sui vestiti? Perché?
_____

Ai tuoi genitori piace come ti vesti? Cosa non gli piace?
_____

9. Completa il cruciverba:

Orizzontali:
1. Una persona che lavora in un ufficio
6. Chi si occupa di curare i denti malati
8. Qualcuno che lavora in una fabbrica
9. Lavora in un negozio
10. Lavora in un bar o ristorante

Verticali:
2. Lavora in un'officina, ripara le macchine
3. Recita a teatro o al cinema
4. Insegna in una scuola
5. Consegna le lettere a casa delle persone
7. Dipinge quadri

10. Leggi gli annunci di lavoro e abbinali al candidato giusto.

A

Ricerchiamo per azienda cliente operante nel settore della ristorazione un/a cameriere/a. La persona che stiamo cercando si occuperà di gestire le richieste dei clienti.
Il/la candidato/a ideale ha un'ottima conoscenza della lingua inglese, il diploma di scuola alberghiera e una precedente esperienza nel ruolo.
Si offre contratto a tempo determinato.

Da www.avantjob.it

B

Metis SpA ricerca, per importante azienda cliente operante nel settore della consulenza, una persona da inserire come RECEPTIONIST.
Il/la candidato/a ideale è diplomato/a; ha maturato almeno 1 anno di esperienza in tale ruolo. Si occuperà della gestione del centralino, gestione posta ed archivio. È richiesta una buona conoscenza del PC e della lingua inglese.
Si offre: contratto di 3 mesi + possibile assunzione.

C

SCITAR RESOURCES SRL con sede a Milano ricerca per la stagione estiva (marzo/ottobre)
- ACCOMPAGNATORI/TRICI TURISTICI/CHE
Requisiti richiesti: 21/30 anni, bella presenza, conoscenza di almeno una lingua straniera, possesso di patente cat. B, disponibilità a risiedere all'estero dai 3 ai 6 mesi.

Da www.lavorocorriere.it

1.
Silvia ha 21 anni, parla inglese, francese e un po' di spagnolo. Adora le automobili e le moto ma non ha ancora preso la patente. Le piace molto viaggiare.
Ha lavorato quasi un anno in un albergo, si occupava del centralino: rispondeva al telefono e gestiva anche la reception. Conosce bene l'informatica.

2.
Anna ha 25 anni. Parla benissimo l'inglese perché sua madre è americana. La sua passione sono i viaggi. L'anno scorso ha preso la macchina e ha attraversato tutta l'Europa con una sua amica.
Non ha molte esperienze professionali perché ha appena finito l'università (ingegneria) ma l'anno scorso ha lavorato per qualche mese in un bar a Berlino, come cameriera.

3.
Paolo ha 34 anni, lavora nel ristorante di suo zio da quando ne aveva 19, dopo la maturità in una scuola specializzata.
Sa fare un po' di tutto: servire a tavola, cucinare, occuparsi dei clienti…
Ama viaggiare e parla bene inglese e francese.

_____ , _____ , _____

11. In quali reparti dell'ipermercato (a pagina 119 di *Ciao ragazzi!* si svolgono i seguenti dialoghi?

1.
° Mamma, prendo anche un po' di mele?
- Sì, almeno un chilo. E quattro banane.

_____

2.
° Buongiorno, vorrei due bistecche e un etto di prosciutto di Parma.
- Subito, signora.

_____

3.
° Posso pagare con un assegno?
- No mi dispiace, non accettiamo gli assegni. Può pagare in contanti o con la carta di credito.

_____

12. Trasforma le frasi secondo il modello:

Secondo me Paolo è vissuto qualche anno a Milano > Penso che sia vissuto qualche anno a Milano

1. Non ricordo più bene ma secondo me Silvia e Pino si sono sposati nel 2005.
2. Secondo te, ho passato l'esame o no?
3. Perché le hai parlato così? Secondo noi tu sei stato troppo aggressivo con tua madre.
4. Secondo Michela, noi siamo arrivati troppo presto.
5. Secondo voi, Renato ha scritto una lettera di candidatura per il posto di cameriere?
6. Secondo noi i saldi di fine stagione sono cominciati due giorni fa.
7. Secondo te, Claudio ha comprato gli occhiali da sole in questo negozio?
8. Non vedo Annalisa da un sacco di tempo. Secondo me ha trovato un nuovo lavoro.
9. Non ho letto il giornale. Secondo voi, le sfilate a Milano sono già finite?
10. Secondo me, Renzo Rosso ha sempre avuto le idee chiare sul suo futuro.

13. Trasforma le frasi secondo il modello, rispettando il modo e il tempo dei verbi.

es. La mostra sarà aperta domenica > La mostra verrà aperta domenica

1. Questo bar sarà chiuso per un mese.
2. Gli esami sono rimandati alla settimana prossima.
3. Le fiere milanesi sono visitate da milioni di persone.
4. Paolo sarà sicuramente promosso.
5. I salumi non sono sempre venduti in macelleria.

14. Fai le domande:

es. Da Botticelli. (dipingere / Venere) > Da chi è stata dipinta la Venere?

1. _____?
   Da Manzoni. *(scrivere / I Promessi sposi)*

2. _____?
   Da Renzo Rosso. *(fondare / Diesel)*

3. _____?
   Da Cristoforo Colombo. *(scoprire / l'America)*

4. _____?
   Da Rita Levi Montalcini. *(vincere / il premio Nobel della medicina nel 1986)*

5. _____?
   Da Guglielmo Marconi *(inventare / la radio)*

15. Abbina gli elementi delle due colonne e completa con il congiuntivo imperfetto:

1. Perché Claudia è così agressiva? Si comporta come se…
2. Tua madre è ansiosa? Ti tratta come se …
3. Luigi e Gianni hanno vinto alla lotteria? Spendono come se…
4. Hai raccontato la verità a Angelo? Si comporta come se…
5. "Perché dovrei mangiare di più?" "Mi tratti come se …
6. Sei ancora sul divano? Hai sempre l'aria stanca come se …

A. _____ *(sapere)* già tutto.
B. _____ *(avere)* ancora 10 anni.
C. _____ *(pesare)* 30 kg.
D. _____ *(essere)* arrabbiata con tutti!
E. _____ non *(dormire)* abbastanza.
F. _____ *(essere)* ricchi.

16. Scrivi un breve testo (30-50 parole) per spiegare che lavoro vorresti fare in futuro. Secondo te quali sono gli svantaggi e i vantaggi di questo lavoro? Che tipo di studi dovrai fare? Dove e fino a che età?

_____
_____
_____

Unità 10 - IL MIO SOGNO È ANDARE IN ARGENTINA

1. Dove si trovano queste città? Guarda la cartina e inserisci i nomi al posto giusto:

Agrigento, Catania, Messina, Palermo, Siracusa, Trapani.

2. Guarda la vignetta 1 di *Ciao Ragazzi!* a pagina 129. Quali di questi oggetti non sono presenti nel disegno? Di che colore sono gli oggetti presenti?

Sedia a sdraio, ombrellone, palla, bibita, costume a due pezzi, gelato, costume intero, cabine, cellulare.

_____
_____

3. Rileggi il dialogo a pagina 128 di *Ciao Ragazzi!* e indica se le affermazioni sono vere, false o non si sa.

	vero	falso	non si sa
1. Chiara torna a Firenze domani.	☐	☐	☐
2. Chiara è appena arrivata in spiaggia.	☐	☐	☐
3. La spiaggia di Palermo si chiama Mondello.	☐	☐	☐
4. I genitori di Chiara erano stufi di visitare monumenti.	☐	☐	☐
5. I genitori conoscevano già Monreale.	☐	☐	☐
6. Il fratello di Chiara è ingrassato di tre chili.	☐	☐	☐
7. Chiara ha mandato una cartolina a Francesco.	☐	☐	☐
8. Chiara e Francesco conoscono Agrigento.	☐	☐	☐
9. Francesco non ricorda nulla di Agrigento.	☐	☐	☐
10. Tutti i parenti di Francesco sono emigrati all'estero.	☐	☐	☐
11. I parenti di Francesco l'hanno tutti invitato ad andare a trovarli.	☐	☐	☐

12. Francesco invita Chiara e il fratello alla sua festa di compleanno.
13. I genitori di Chiara la lasceranno andare alla festa.
14. Forse la madre di Chiara potrà accompagnare la figlia con gli amici a Roma.
15. Francesco sa già quante persone saranno presenti alla festa.

4. Metti in ordine il dialogo tra Filippo e sua madre completando con le parole mancanti:

uffa / averne abbastanza / appena / appena / stufa / vincere

1. Basta! _____ delle tue scuse. Ora ti alzi e vai a mettere in ordine la tua camera se no sabato non vai al cinema.

2. _____ , mamma, sono _____ tornato da scuola, lasciami riposare un attimo!

3. Va bene, _____ tu, ma non sono d'accordo!

4. Senti Filippo, sono _____ di ripeterti le cose: quando te lo dico devi mettere in ordine la tua camera.

5. Sì, lo so, lo farò _____ potrò. Ora devo studiare e poi ho una partita di pallavolo…

6. Filippo! Metti in ordine la tua camera!

_____ _____ _____ _____ _____ _____

5. Completa liberamente:

1. Verrò a casa tua a condizione che tu…

2. Metterò in ordine la mia camera, basta che mia madre…

3. Andrò in Sicilia purché i miei genitori…

4. Uscirò con Paola a patto che lei…

5. Preparerò questa ricetta; basta che voi…

6. Completa la ricetta del risotto alla milanese:

aggiungere / aggiungere / mettere / mescolare / mescolare / porre / cuocere / unirlo / unire / sciogliere / servire.

Ingredienti

600 gr di riso - 100gr di burro - una cipolla tritata
1 litro e mezzo di brodo di carne - una bustina di zafferano
100 gr di parmigiano grattugiato - sale

Preparazione

In una pentola mettete metà del burro e la cipolla. _____ sul fuoco, lasciate soffriggere, e _____ il riso. _____ il brodo a poco a poco e il sale. _____ per circa 20 minuti fino a cottura del riso e _____ continuamente. _____ lo zafferano in una tazzina con poco brodo e _____ al riso. _____ il burro e il parmigiano e _____. _____ caldo.

7. Metti le parole nel gruppo giusto:

zucchero, cipolla, pomodoro, salmone, burro, sale, piselli, aglio, carciofo, salame, olio, fagiolini, mortadella, cavolo, uovo, gorgonzola, arancia, aceto, pera, cavolfiore, banana, panna, patata, mela, parmigiano, vino, insalata, mozzarella, prosciutto, yogurt.

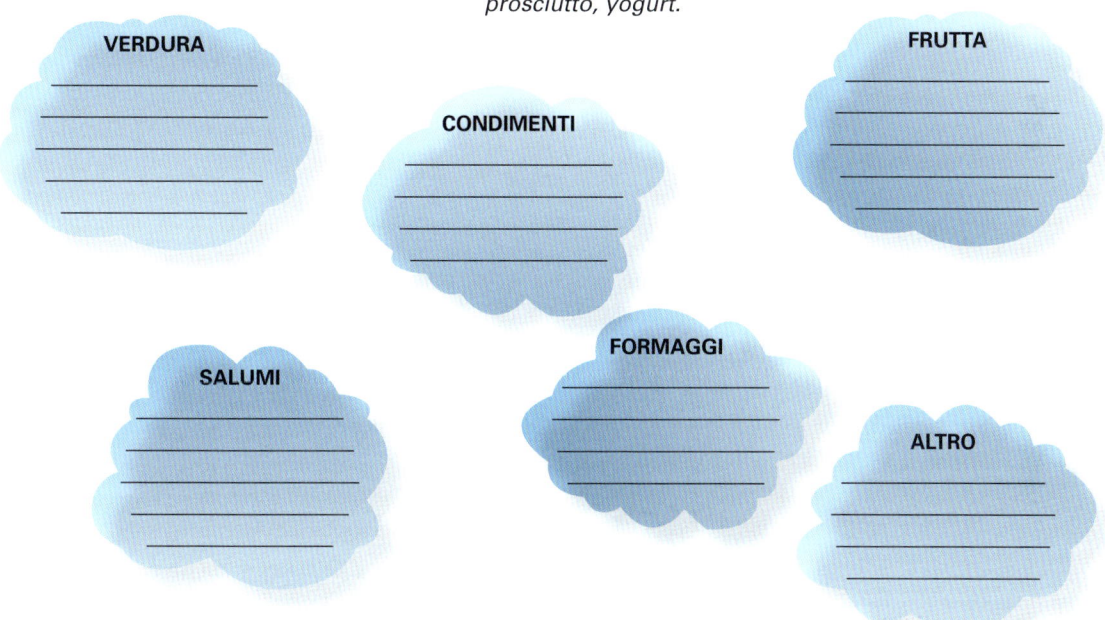

8. Rileggi il testo su emigrazione e immigrazione a pagina 133 di *Ciao ragazzi!* e rispondi alle domande:

1. Che cosa si intende per "grande emigrazione"? _____

2. Quali erano le destinazioni principali degli emigranti tra la fine del XIX secolo e gli anni trenta?

3. Perché la maggior parte degli italiani che emigravano non tornavano più in Italia?

4. Qual è stata una delle cause di emigrazione durante il ventennio fascista?

5. Chi era Sandro Pertini? Dove si è rifugiato?

6. In cosa consiste l'emigrazione europea?

7. Quali ne erano le destinazioni principali? Perché?

8. Cosa speravano di poter fare questi emigranti?

9. Perché il loro lavoro è stato molto utile ai paesi in cui sono emigrati?

10. Che cosa è cambiato oggi in Italia?

11. Per quali ragioni molti stranieri vanno in Italia?

9. Rispondi.

Quali sono i principali problemi che hanno gli emigranti in genere e in particolare gli extracomunitari (cioè quelli che non provengono da paesi europei)?

Tra le difficoltà che gli immigrati devono affrontare, quali ti sembrano più gravi?
Mettili in ordine crescente:
viaggio / documenti / lingua / alloggio / famiglia / mentalità / risorse economiche / ...

10. Completa mettendo i verbi al gerundio:

1. (*essere*) _____ in ritardo, ho preferito prendere un taxi.
2. (*avere*) _____ pochi soldi, abbiamo deciso di non mangiare al ristorante.
3. Non (*parlare*) _____ le lingue straniere, è difficile viaggiare all'estero.
4. (*fare*) _____ attenzione a quello che mangia, Michela è dimagrita di tre chili.
5. (*prendere*) _____ l'autobus, arrivate prima.
6. (*dormire*) _____ poco, non siamo in forma la mattina.
7. (*bere*) _____ due litri d'acqua al giorno, si resta in forma.
8. (*finire*) _____ di lavorare presto, mio padre può venire a prendermi a scuola.
9. (*dire*) _____ sempre la verità, tutti ti considerano una persona onesta e sincera.
10. Non (*sapere*) _____ tradurre questa parola, l'ho cercata sul dizionario.

11. Completa le frasi con i pronomi accoppiati.

1. Paolo ha chiesto dieci euro a Carla e lei _____ ha dati immediatamente.
2. Hai chiesto il motorino a tuo fratello ma lui non _____ ha prestato. Non è molto gentile!
3. Ho chiesto la bicicletta a Angelo e lui, gentilmente, _____ ha data.
4. Abbiamo chiesto un depliant sulla Sicilia ai nostri amici e loro _____ hanno spedito subito.
5. Avete chiesto delle informazioni al professore e lui _____ ha date.
6. I miei genitori hanno chiesto all'hotel un fax di conferma e l'albergo _____ ha mandato due ore dopo.
7. Vi ho chiesto di spedirmi una cartolina e voi _____ avete spedita subito. Grazie!

8. Abbiamo chiesto a Carla di farci un favore ma stranamente lei non _____ ha fatto.
9. I miei amici mi hanno chiesto un libro in prestito e naturalmente io _____ ho prestato.
10. Avete chiesto la colazione in camera? Perché cameriera non _____ ha portata?

12. Ricostruisci le frasi.

1. Qui / non / Paolo / nessuno / conosce
2. In / qualche / vado / discoteca / volta
3. Sceglierete / film / mi / qualsiasi / bene / va
4. Italiano / conoscete / non / film / nessun / ?
5. Il / visto / qualcuno / libro /italiano /ha / di /?
6. Amica / nessun' / italiana / ho / non
7. Dvd / comprato /ieri / alcuni / ho / mattina
8. problema / Michela / con / ha / matematica / qualche / la
9. volte / non / sopporto / alcune / ti / !
10. nessuna / studiare/ voglia / di / non / ho

13. Trasformare le frasi secondo il modello.

es. Verrò con te se mi presti la macchina. > Verrò con te a patto che (tu) mi presti la macchina.

1. Se prendi l'abbonamento potrai andare a scuola in autobus.
2. Se Carlo farà un po' di dieta, dimagrirà.
3. Se mio padre smetterà di fumare, starà meglio.
4. Se abbiamo della farina, possiamo fare una pizza.
5. Se siete d'accordo, veniamo a trovarvi.
6. Se hai il tempo, mi darai una mano.
7. Se non piove, uscirò.
8. Se non sei stanco, vieni a casa mia.
9. Se potete, andate a trovare la nonna.
10. Se fai i compiti, potrai andare al cinema.

14. Hai fatto provare a un tuo amico italiano uno dei tuoi piatti preferiti. Lui ti ha chiesto la ricetta. Se non la conosci cercala su internet o chiedi ai tuoi genitori e scrivigliela. Puoi usare anche le parole del riquadro:

friggere / scaldare / cuocere / infornare / tagliare / grattugiare/ aggiungere / mescolare / bollire

pentola — forno — ciotola — robot da cucina — padella — cucchiaio — teglia

ATTIVITÀ AUDIO

PRATICHIAMO LA PRONUNCIA

1. Ascolta e ripeti le parole:

1. Claudio, la pausa, l'audio, la sauna
2. l'euro, l'Europa, gli europei
3. già, il giardino, la zia, cambiare, l'aiuto
4. il mio, l'addio, lo zio, lo studio, l'orologio
5. poi, noi, voi,
6. i suoi, puoi, vuoi, i miei

2. Ascolta e scrivi le parole che mancano:

1. Allo _____ di Laura _____ lo studio delle _____.
2. _____ andare in _____ se vuoi.
3. _____ allo _____ c'erano migliaia di tifosi.

3. Ascolta e ripeti le parole:

1. la casa, la cosa, sicuro
2. la chiesa, chiamare, chi, l'occhio, chiudere, perché
3. francese, la cucina, ciao, il cioccolato
4. tedesca, la scoperta, la scuola
5. maschile, lo scherzo
6. lasciare, lo sci, l'ascensore, lo sciopero

4. Ascolta e scrivi:

1. _____
2. _____
3. _____

5. Ascolta e ripeti le parole o le frasi:

Gubbio.
Genova.
Foggia.
Ragusa.
Cagliari.
Parmigiano Reggiano.
Guerra edizioni.

La moglie del chirurgo è farmacista.
Quando guido non guardo il paesaggio.
Giorgio, Giulio e Giuseppe sono i figli di Guido e Gianna.

6. Ascolta e scrivi le frasi:

1. _____
2. _____
3. _____

7. Ascolta le parole e indica se hanno una o due consonanti:

	1	2
1		X
2		
3		
4		
5		
6		
7		
8		
9		
10		
11		
12		
13		

8. S o z? Ascolta le parole e metti una X nella colonna giusta:

	S/SS	Z/ZZ
1		
2		
3		
4		
5		
6		
7		

9. Ascolta le parole e indica dov'è l'accento:

Lombardia, Liguria, Calabria, Umbria, Campania, Sicilia

IL CORPO UMANO

10. Ascolta e ripeti:

Lo scheletro, l'occhio, il ginocchio, l'orecchio,
le ciglia, il sopracciglio, la pancia, il polpaccio,
la guancia, la lingua, il sangue,
l'unghia, il cuore, la coscia, la pelle.

11. Ascolta e scrivi le frasi:

1. _____
2. _____
3. _____

L'ABBIGLIAMENTO

12. Ascolta e ripeti:

La giacca, la camicia, la cravatta, la maglia, la maglietta, il fazzoletto, le scarpe, i calzini, le calze, la sciarpa, lo scialle, il cappello, la cintura, l'orologio.

13. Ascolta e scrivi le frasi:

1. _____
2. _____
3. _____

LA SCUOLA

14. Ascolta e scrivi le parole:

1. _____   2. _____
3. _____   4. _____
5. _____   6. _____
7. _____   8. _____

15. Ascolta e completa le frasi:

1. L'inchiostro della mia _____ è _____.
2. La nostra _____ ha molte aule.
3. Correggiamo insieme l' _____.

16. Ora ascolta e ripeti le frasi.

LA TAVOLA E LA CUCINA

17. Ascolta e ripeti:

la cucina, cucinare, cuocere, l'aceto,
la tovaglia, il tovagliolo, l'olio, l'aglio, la bottiglia,
il bicchiere, il cucchiaio, il cucchiaino, la forchetta,
la tazza, la tazzina, l'acqua frizzante,
gli spaghetti, il formaggio.

CONOSCI L'ITALIA?

1. Carla e il suo amico americano John guardano delle foto dell'Italia a pagina 10 di *Ciao ragazzi!*. Quali città citano? In quali regioni sono?

Città	Regione

2. Ascolta le frasi: di quali regioni europee si parla?

1. _____, _____, Italia.
2. _____, _____.
3. _____, Inghilterra, Galles, Scozia, _____.

UNITÀ 1.

1. Ascolta e completa la telefonata.

Anna: Pronto?
Clara: _____, ciao Anna, sono Clara!
Anna: Ciao, Clara! Come _____?
Clara: Bene, grazie, e tu?
Anna: Non c'è _____. Senti, cosa fai oggi?
Clara: Niente di speciale, _____ la tv o navigo su internet...
Anna: Ci vediamo?
Clara: Sì, dai. Cosa _____?
Anna: Andiamo al cinema?
Clara: Sì, va bene? A che _____?
Anna: Alle quattro, al cinema Odeon. C'è l'ultimo film di Muccino.
Clara: Bene. Allora ci _____ alle quattro meno cinque davanti al cinema?
Anna: Facciamo alle quattro meno _____.

2. Ascolta la telefonata. Quando si incontrano Piera e Stefania?

	LUNEDÌ	MARTEDÌ	MERCOLEDÌ	GIOVEDÌ	VENERDÌ	SABATO	DOMENICA
11,00						tennis con Paola	
12,00							
13,00			pranzo con zia Carla			arrivano gli zii	
14,00		parrucchiere ore 14,00					
15,00			Ginnastica				
16,00	ore 16,30 dentista				iscriversi in biblioteca		cinema con Maria e Pietro
17,00			comprare libro d'inglese		ore 17,15 corso di teatro		
18,00		viene Michela				da Luca	

3. Ascolta Simona che parla della scuola. Cosa dice? Scegli le frasi giuste.

1. Simona frequenta il liceo
   a) classico   b) artistico   c) scientifico
2. È al
   a) primo anno   b) secondo anno   c) ultimo anno
3. Le sue materie preferite sono
   a) disegno e storia   b) disegno e storia dell'arte
   c) storia e arte
4. Simona è una persona
   a) pratica ma sognatrice   b) sognatrice   c) pratica
5. Simona
   a) studia molto   b) non studia   c) studia poco

4. Ascolta il dialogo. Di quali oggetti si parla?

Un _____, un _____ a righe, _____ rosso, delle _____.

5. Vero o falso? Ascolta e rispondi.

	V	F
1. Il figlio di Giacomo e Laura si chiama Lucio.	☐	☐
2. Laura è di Milano ma abita in Sardegna.	☐	☐
3. Anna è studentessa di archeologia.	☐	☐
4. Anna vuole fare una ricerca sulle popolazioni sarde attuali.	☐	☐
5. Miriam ha cinquant'anni.	☐	☐
6. Miriam adora il mare.	☐	☐
7. Miriam sogna di incontrare il suo attore preferito.	☐	☐

6. Ascolta e completa:

"Io _____ il mare: mi _____ prendere il sole, fare il bagno, giocare sulla spiaggia. Il mare che _____ è quello della Sardegna, è trasparente, pulito: è bellissimo".

"A me invece piace la montagna: cammino molto perché _____ lunghe passeggiate, _____ i panorami, _____ in mezzo alla natura, _____ gli animali, _____ le piante...".

7. Ascolta e ripeti.

1. Mi piace il cinema francese.
2. Cosa facciamo oggi?
3. Ci vediamo alle dieci.
4. Preferisci alle cinque o alle sei?
5. A che ora finisce la scuola?

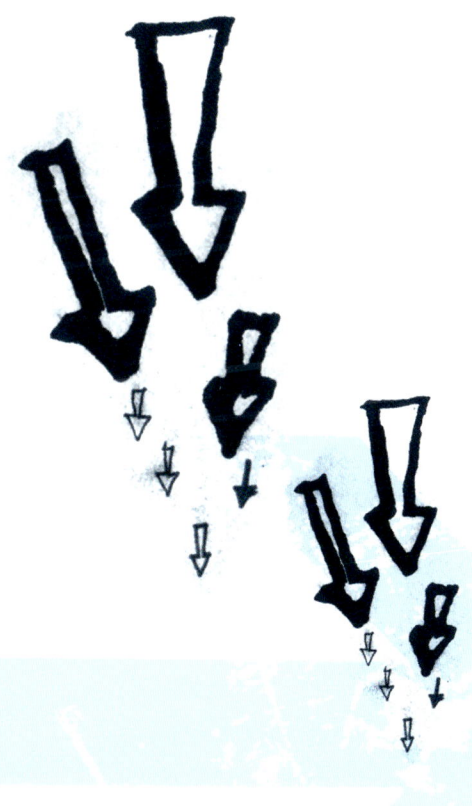

UNITÀ 2

1. Ascolta e trova le differenze.

Ieri pomeriggio Michela è uscita di casa alle tre e dieci. Ha preso la metropolitana, è andata in centro e ha fatto un po' di shopping. Poi, alle cinque, è tornata a scuola, ha studiato un po'. Dopo ha navigato su internet e ha risposto a delle lettere.
Ieri sera, ha cenato con i suoi amici, ha telefonato a Elena, la sua migliore amica e ha ascoltato un po' la radio. È andata a dormire tardi.

_____
_____
_____
_____
_____
_____

2. Ascolta Lucia che racconta cosa ha fatto ieri. Che lavoro fa?

Lucia è   a) infermiera   b) tassista   c) ingegnere

3. Riascolta e completa il testo:

Ieri mattina alle 8 sono tornata a casa e mi _____ coricata. Che bello andare a letto dopo _____ notte di lavoro intenso! Ho _____ fino all'una. Quando mi sono _____, mi sono alzata subito, mi sono _____, mi sono vestita e ho mangiato qualcosa. _____ bevuto un caffè e ho ascoltato _____ po' la radio. Nel pomeriggio, verso le _____ e mezza, sono andata a fare _____ spesa e sono tornata a casa. _____ 19 sono uscita per andare in _____. Alle 20 ho cominciato a lavorare. _____ sono occupata dei malati tutta la _____.

4. Ascolta Sandro che parla della sua famiglia e completa le frasi.

1. Patrizia è sua _____.
2. Alberto e Pietro sono i suoi _____.
3. Serena è sua _____.
4. Carlo è suo _____.

5. Valeria è _____ cognata.
6. Luigi è _____ padre.
7. Sua _____, che ha fatto la foto, si chiama Milena.

5. Ascolta e indica la frase giusta.

1. Carla MI / TI / CI telefona tutte le mattine.
_____

2. Hai scritto un' email a Lucio o CI / GLI / LO hai mandato un sms?
_____

3. LA / LO / LI vuoi un caffè?
_____

4. La pasta LA / LE / LI preferisci con il parmigiano o senza?
_____

5. MI / CI / LI accompagni a casa in macchina? Abbiamo perso l'autobus.
_____

6. Domanda o affermazione? Metti un punto (.) o un punto interrogativo (?).

1. Ieri tua madre è partita per un viaggio di lavoro.
2. Hai studiato ieri pomeriggio.
3. La settimana scorsa Carlo è andato a Roma.
4. Stamattina ti sei svegliata presto.

7. Riascolta e ripeti con l'intonazione giusta.

UNITÀ 3

1. Ascolta e rispondi. Che cosa faceva Luigi quando abitava a Salerno?

1. Che corsi seguiva Luigi?
   _____
2. Cosa faceva in un coro?
   _____
3. Con che frequenza andava in piscina?
   _____
4. Che sport gli piaceva?
   _____
5. Cosa non fa più ora?
   _____
6. Che sport fa?
   _____
7. Con quale frequenza?
   _____
8. Che giorni?
   _____

2. Cosa faceva Marta quando era piccola?

Viveva *in campagna / in montagna*.
Giocava *in casa / in giardino*.
Andava a scuola *con Milena / da sola*.
Il padre di Milena accompagnava le bambine a scuola con *la sua macchina / il suo camion*.
Il pomeriggio facevano i compiti *da sole / insieme*.
La zia di Marta *cantava / suonava*.
Ogni tanto Marta e suo padre andavano a pescare *al lago / al fiume*.

3. Riascolta e completa il testo.

Da piccola _____ in campagna, in un paesino della Campania. Mi _____ molto.
La mattina, prima di andare a scuola, spesso _____ un po' nel giardino. _____ a scuola con un'amica, Milena, che _____ nella casa vicino alla nostra. Suo padre ci _____ con il suo camion. _____ divertente!
Il pomeriggio _____ sempre i compiti insieme e _____. La domenica pomeriggio _____ spesso mia zia Silvia che _____ la chitarra. Io _____!
Ogni tanto, poi, _____ a pescare al fiume con il mio papà.

4. Ascolta il brano e scegli il verbo giusto.

All'inizio della quinta ginnasio Guido Laremi è stato trasferito nella mia classe. *Erano / eravamo / era* immersi nel fluido paranoico di una lezione di latino, e lui *è entrato / sono entrati / entrava* dietro al preside. Non l'*hai riconosciuto / riconoscevo / ho riconosciuto* subito, perché *avevo / ho avuto / aveva* i capelli più scarruffati e lunghi che al nostro primo incontro ed *era / erano / è stato* vestito in un altro stile, con jeans chiari e scarpe da tennis. (...)
Lui *è venuto / veniva / sono venuto* verso il fondo, *ha guardato / guardavi / guardava* le facce dei tre o quattro studenti che *hanno occupato / occupavano / occupavo* da soli un banco per due. *Era arrivato / arrivava / è arrivato* fino a me e senza guardarmi *si è seduto / si sedeva / è seduto* al mio fianco; *fissava / ho fissato / ha fissato* la cattedra a denti stretti, in atteggiamento di grande attenzione. Solo dopo qualche minuto *si è girato / ha girato / si girava*, mi ha detto "Ehi".

5. Guarda le foto a pagina 43 di *Ciao ragazzi!* e ascolta le descrizioni. Chi sono?

1. _____
2. _____
3. _____

6. Ascolta e completa con *troppo, molto* o *poco* alla forma giusta.

1. Avevo i capelli _____ lunghi e li ho tagliati.
2. Ha _____ capelli, biondi e ondulati.
3. Ho _____ amiche.
4. Alice ha fatto _____ telefonate e suo padre si è arrabbiato _____.
5. Avevamo studiato _____ e l'insegnante non era contento.

7. Ascolta e scrivi.

1. _____
2. _____
3. _____
4. _____
5. _____

UNITÀ 4

1. Ascolta e completa le telefonate.

1.
- Pronto, Silvia?
- No, ha _____ numero.
- Ma non è lo 02 / 34 56...
- No, ha _____ lo 02 / 4 4
- Ah, mi scusi!
- _____ .

2.
- Pronto, _____ Silvia, per favore?
- No, mi dispiace, è uscita. _____ parla?
- Sono Maria.
- Ah, ciao Maria. Le vuoi lasciare un _____ ?
- No, _____ , la richiamo più tardi.

3.
- Pronto?
- Pronto, _____ parlare con il dottor Neri, per favore?
- Un attimo, _____ chiamo.

4.
- Agenzia Volare, _____ .
- Pronto, sono Carla Ricci. Posso parlare con il signor Romano?
- È _____ . Gli vuole _____ un messaggio?

2. Cosa stanno facendo queste persone?

1. _____
2. _____
3. _____

3. Ascolta e indica dove si trovano i mobili e gli oggetti nella camera di Franco.

4. Ascolta il dialogo e rispondi.

Quali animali preferisce Sandra?
_____
_____

Quali non le piacciono?
_____
_____

5. Guarda le foto a pagina 58 *Ciao ragazzi!* e ascolta le descrizioni. Di che animali si parla?

1. _____
2. _____
3. _____

6. Ascolta i brevi dialoghi e indica se le persone si danno del tu o del Lei.

1. _____ 2. _____ 3. _____ 4. _____

7. Ascolta e ripeti.

1. Ho una Cinquecento.
2. Il mio cane pesa dieci chili.
3. Non c'è problema!
4. Che cosa sta facendo?
5. Questa macchina non mi piace.

Unità 5

1. Cosa farà Marta domani? Ascolta e completa.

Mamma mia! Domani _____ un sacco di cose
da fare: la mattina _____ svegliarmi presto
perché mio padre non potrà accompagnarmi a scuola in
macchina, quindi _____ l'autobus alle sette e
venti. All'una _____ da scuola e _____
a pranzo dalla nonna. Poi l' _____ dal medico.
Verso le cinque _____ Fabio e faremo i compiti
insieme. Poi, la sera, verrà la zia Pina a cena a casa
nostra. Dopo cena _____ ancora un po' perché
tra due giorni ci sarà il compito in classe d'italiano.

2. Ascolta i dialoghi e completa.

1. - Mi piace il cinema americano.
   * _____!

2. - Mi piace il rock.
   * _____.

3. - Non mi piacciono i film gialli.
   * _____!

4. - Non sopporto i film d'amore.
   * _____!

3. Ascolta le frasi e indica la forma giusta.

1. Matteo è più alto *di / del* suo fratello.
2. Per me giocare a calcio è più faticoso *che / di* giocare a tennis.
3. Carla ha meno vestiti *della / che la* sorella.
4. Mia cugina è alta *quanto / tanto* me.
5. Per me la musica jazz è più bella *di / della* musica rock.

4. Come sarà la vita nel futuro? Ascolta le ipotesi di questi ragazzi: cosa pensano che succederà?

1. _____
2. _____
3. _____
4. _____
5. _____

5. Che genere di film preferiscono questi ragazzi? Perché?

_____
_____
_____
_____

6. Ascolta e ripeti le parole.

7. Riascolta le parole e scrivile.

_____
_____
_____
_____
_____
_____

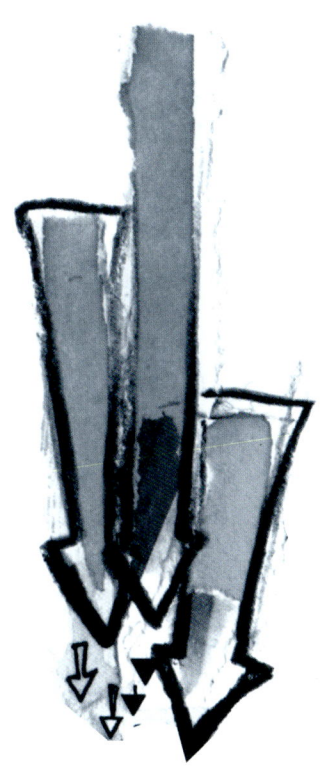

UNITÀ 6

1. Ascolta e completa i dialoghi.

1.
° Scusi, per andare all' _____?
- Prenda questa _____ e continui sempre _____. Al semaforo giri a _____.

2.
° Scusa, c'è una gelateria da _____ _____?
- Sì, è laggiù, _____ alla farmacia.

3.
° _____, sai dov'è piazza Italia?
- Mi _____, non sono di Perugia.

4.
° Scusi, sa dov'è il cinema Odeon?
- _____ la seconda traversa a _____ e attraversi la piazza. Il cinema è _____.
° Grazie!

5.
° Scusa, _____ una libreria da queste parti?
- Sì, _____ a destra c'è la libreria Manzoni.
° Ah, sì, la vedo, _____.

2. Guarda la cartina (a pagina 82 di *Ciao ragazzi!*) e ascolta il dialogo. Dove vuole andare Anna?

_____

3. Ascolta i dialoghi e completa le frasi.

A Paolo piacerebbe _____
Michela, da grande vorrebbe _____
Per Milena sarebbe _____

4. Abbina le domande e le risposte. Poi ascolta e controlla.

1. Che ne diresti di andare in piscina sabato?
2. Vi andrebbe di venire a casa mia?
3. Potremmo mangiare in pizzeria, che ne dite?
4. Ti piacerebbe andare al cinema una di queste sere?

A. Non saprei, dipende dal film.
B. Veramente non posso, dovrei studiare...
C. Va bene, ma non vorrei spendere troppo.
D. Volentieri!

1. ___, 2. ___, 3. ___, 4. ___

5. Ascolta e completa con i verbi.

1. Per il compleanno di Michela, _____ una festa!
2. _____, sa dov'è una banca, per favore?
3. _____ questa via a sinistra e _____ la piazza: la banca è lì.
4. _____ un bacio perugina, è buono!
5. Per la festa della mamma, _____ in ordine la tua camera! Le farà piacere.

6. A che feste si riferiscono questi auguri?

1. _____ 2. _____
3. _____ 4. _____

7. Ascolta la canzone che cantano gli amici di Anna il giorno del suo compleanno.

Cantala con loro!

Tanti auguri a te, tanti auguri a te, tanti auguri cara Anna, tanti auguri a te!

UNITÀ 7

1. Ascolta il dialogo e indica quali parti del corpo sono nominate.

_____, _____, _____

2. Che consigli dà la mamma di Anna a sua figlia?

_____
_____
_____
_____

3. Ascolta e riordina i due dialoghi.

1. Come stai?
2. Come va?
3. Così così, mi fanno male le gambe.
4. Così così, mi fanno male i piedi.
5. Perché?
6. Come mai?
7. Perché ieri ho fatto una gita in montagna e ho camminato troppo!
8. Perché ieri ho camminato troppo!
9. In montagna.
10. Ma avevi delle buone scarpe?
11. Eh, no.
12. Dove?

1.
_____
_____
_____
_____

2.
_____
_____
_____
_____

4. Ascolta: quali sono le due differenze?

Muoviti un po' ogni giorno, fa bene alla forma: sali e scendi le scale, non prendere l'ascensore. Cammina a piedi, non prendere sempre il motorino. Eventualmente va' in bicicletta. E poi aiuta i tuoi genitori, a casa: rifa' il letto, metti in ordine la tua camera, porta fuori il cane... Insomma, fa' più movimento che puoi!

_____
_____

5. Ascolta i due ragazzi e rispondi alle domande.

1. Da chi vanno i due ragazzi?

2. Quanti anni ha la signora?
_____

3. Che problemi di salute ha?
_____

4. Cosa fa da sola?
_____

5. Cosa devono fare i ragazzi?
_____

Hai capito di quale tipo di associazione fanno parte i due ragazzi?
_____

6. Ascolta le parole e completa la tabella.

	LLI	GLI
1	X	
2		
3		
4		
5		
6		

7. Riascolta le parole e scrivile.

1. _____   2. _____
3. _____   4. _____
5. _____   6. _____

UNITÀ 8

1. Ascolta la conversazione tra Giulia e la mamma e rispondi:

1. Per quale ragione stanno litigando?
   _____

2. Che problemi ha avuto Giulia?
   _____

3. Perché non ha telefonato alla mamma per avvertire?
   _____

4. Chi ha ragione, secondo te?
   _____

5. Come è punita Giulia dalla mamma?
   _____

2. Ascolta l'intervista a Giancarlo e completa la tabella:

Gli fa piacere

Lo fa arrabbiare

Lo rende triste

3. Irene parla dei suoi genitori. Quali sono i loro difetti e le loro qualità?

	Qualità	Difetti
Padre		
Madre		

4. Ascolta le frasi e sottolinea quali parole del riquadro sono citate.

libro / quaderno / gatto / periodo / ristorante / ragazzo / momento / bottiglia / collana

5. Riascolta le frasi. Con quali suffissi alterativi sono utilizzate le parole?

1. *un momentino*
2. _____
3. _____
4. _____
5. _____

6. Ascolta le frasi e completa con le parti mancanti:

1. Ho _____ che la prof mi interroghi!
2. Sono _____ che oggi ci _____ il sole!
3. Mi fa _____ che la gente sia sempre così _____!

7. Riascolta le frasi e ripeti facendo attenzione all'intonazione.

UNITÀ 9

1. Pierpaolo descrive come sono vestiti Francesco, Alice, Massimo, Simona e Barbara. Quali vestiti e quali colori nomina?

Vestiti:

Colori:

2. Pierpaolo non ricorda bene come sono vestiti gli amici a pagina 117 di *Ciao ragazzi!* e fa diversi errori. Riascolta, trova gli errori e correggili:

Francesco
Massimo
Alice
Simona
Barbara

3. Rimetti in ordine il dialogo, poi ascolta e verifica:

1. Certamente. Le piace il modello esposto in vetrina?
2. La 44 per favore.
3. Buongiorno, vorrei vedere una gonna piuttosto elegante, per favore.
4. Ecco, la provi pure, il camerino è in fondo a destra.
5. Uhm…Veramente è un po' troppo classico. Cercavo qualcosa di più originale…
6. Che taglia porta?
7. Capisco, e che ne dice di questa gonna di seta a fiori?
8. Sì, certo. È per un'occasione speciale?
9. Sì, questa è molto bella! La provo.
10. Sì, sono invitata a un matrimonio e vorrei fare bella figura.

4. Renato e Simona parlano di un articolo del *Corriere della sera* che hanno appena letto. A quali dei titoli di pagina 120 e 121 di *Ciao ragazzi!* fanno riferimento?

5. Riascolta il dialogo e completa:

Renato: Scusa Simona, ma non sono per _____ d'accordo con te! Io penso che _____ _____ giusto che abbiano messo questa regola!

Simona: Ma dai! Siamo realisti! Le modelle _____ essere magre per portare bene un _____ vestito corto, una giacca elegante ..

Renato: Scusa, ma chi l'ha detto? Ci sono _____ un po' rotonde che sono elegantissime e _____ l'articolo parla di taglia 42, non di ragazze grasse!

Simona: Ma se guardi le riviste tutte _____ ragazze sui giornali portano massimo una _____. E poi…io non credo che _____ regola risolva il problema delle ragazze _____ vogliono dimagrire a tutti i costi. _____ che sia un po' più complesso…

Renato: Guarda, è meglio se smettiamo di _____ di questo argomento, se no litighiamo…

6. Ascolta Maria Luisa che parla di quale lavoro vuole fare da grande. Qual è il suo sogno? Quali sono i vantaggi e gli svantaggi di questo lavoro, secondo lei?

_____
_____
_____
_____
_____

7. Ascolta le frasi e ripeti con l'intonazione giusta:

1. Mi piace da morire quel vestito!
2. Quegli occhiali fanno schifo!
3. Domani andiamo a fare shopping? Fantastico!
4. Che bello! C'è il sole!

UNITÀ 10

1. Ascolta il dialogo tra Lamberto e Dario. Perché non sono contenti?

_____
_____

2. Riascolta il dialogo e completa:

Lamberto: _____! Sono stufo di andare in vacanza _____ zii.

Dario: Zitto! Se mamma ti sente... Lo _____ com'è affezionata a sua sorella..

Lamberto: Non m'importa. Ogni anno andiamo in _____ in campagna da loro. Almeno un _____ potremmo cambiare, no?

Dario: Sì, hai ragione! Anch'io ne _____ abbastanza di passare le vacanze in _____ e poi mi annoio...

Lamberto: Quest'anno non ho proprio voglia _____ andarci. Che dici, proponiamo a mamma di _____ in città?

Dario: Buona _____, glielo dici tu?

Lamberto: No, dai, diglielo tu...

3. Ascolta e completa:

1. _____, a patto che non ci sia tua sorella.
2. _____, a condizione che domenica guardiamo la partita.
3. _____, purché tua mamma cucini la pasta.
4. _____, basta che me lo presti.
5. _____, a condizione che finiate i compiti.

4. Ascolta e indica quali sono le alternative proposte:

1. Andare al cinema. _____
_____

2. Mangiare pasta stasera. _____
_____

3. Prendere l'autobus. _____
_____

4. Giocare con la playstation. _____
_____

5. Guardare la tv. _____
_____

5. Ascolta la ricetta della pasta alle zucchine e correggi gli errori:

400 g. di penne rigate
800 g. di pomodori
50 g. di cipolle
4 melanzane
80 g. di ricotta salata
12 cucchiai di olio d'oliva
2 spicchi d'aglio,
basilico sale e pepe

Mettete in una padella l'aglio, la cipolla e 4 cucchiai d'olio. Soffriggete per 15 minuti. Aggiungete i pomodori a pezzi, condite con sale e fate cuocere per 15 minuti circa.
Lavate le zucchine e tagliatele a fette sottili. Conditele con sale, pepe e basilico. In una padella mettete l'olio che resta e friggete le zucchine per 5 minuti.
In una pentola con poca acqua cuocete le penne al dente. Dividetele in 4 piatti, condite con il sugo di pomodoro, aggiungete le melanzane fritte, il basilico fresco, la ricotta e servite immediatamente.

6. Ascolta l'intervista a Mario e indica se le affermazioni sono vere o false:

	V	F
1. Mario è emigrato dall'Italia molto giovane.	☐	☐
2. È andato a lavorare in Svizzera.	☐	☐
3. Era appena finita la II guerra mondiale.	☐	☐
4. L'Italia era piena di speranza per il futuro.	☐	☐
5. Mario è originario della Sicilia.	☐	☐
6. Mario sognava di avere una casa e una famiglia.	☐	☐
7. Tra lo Stato Italiano e il Belgio esisteva un accordo.	☐	☐
8. Il Belgio aveva bisogno di mano d'opera per lavorare nelle miniere di carbone.	☐	☐
9. In cambio di mano d'opera il Belgio offriva una riduzione sul prezzo del carbone.	☐	☐
10. Non c'erano limiti d'età per andare a lavorare nelle miniere in Belgio.	☐	☐

7. Ripeti con l'intonazione giusta:

1. Uffa! Non ne posso più di visitare musei!
2. Sono stufo di fare il lavoro al tuo posto. Hai capito?
3. Ne ho abbastanza di questo lavoro!
4. Non ho voglia di fare i compiti!

Finito di stampare nel mese di maggio 2008
da Grafiche CMF - Foligno (PG)
per conto di Guerra Edizioni - Guru s.r.l.